Geschäftsbücher für Dummies, neueste Ausgabe

SHANE MALDONADO

Inhaltsverzeichnis

Einführung

Einführung

Warum wird dieses Buch benötigt?

Wer sollte dieses Buch lesen?

Kundenentwicklung

Was ist keine Kundenentwicklung?

Drei Studienstufen

Erster Start

Konzeptdefinitionen

Frühe Adepten

Segmentierung

Markttyp

Unkonventionelle Geschäftsmodelle

Positionierung

Angemessenes Produktmarketing

Minimales angemessenes Produkt (MRP)

Lean Startup

Schlüsselmoment

"Das Gebäude verlassen"

Kennen Sie Ihr Unternehmen an der Tafel

Kenn dich selbst

8 Schritte, um einen Kunden zu finden

Schritt 2: Brainstorming zum Geschäft

Modellhypothesen

Schritt 3: Finden Sie potenzielle Kunden, die Sie erreichen möchten

Schritt 4: Kontaktieren Sie potenzielle Kunden

Schritt 5: Potenzielle Kunden einbeziehen

Schritt 6: Kontrollpunkt. Phase 1

Informationsbeschaffung / Messung / Test

Schritt 7: Finden Sie das relevante Problem und die entsprechende Lösung/ICP

Schritt 8: Kontrollpunkt. Phase 2 /

Informationsbeschaffung / Messung / Test

Abschluss

Literatur

Einführung

Seit ich Four Steps to Insight veröffentlicht habe, hat sich im Client-Entwicklungsprozess viel geändert. Als ich auf diese Idee kam, versuchte ich, ein Muster zu erklären, das mir bei allen erfolgreichen Unternehmen aufgefallen war, denen ich begegnet war. Ich habe dies getan, weil ich die Art und Weise ändern wollte, wie Unternehmen gegründet wurden, oder weil ich ein Paradigma definieren wollte, das es einem ermöglicht, mit wesentlich geringeren Kosten zu überleben und sich nicht nur auf die Intuition zu verlassen. Mein Buch wurde von mehr als 20.000 Personen gelesen und Tausende weitere Studenten haben meine Vorlesungen gehört. Zahlreiche Investoren fordern sogar, dass ihre Portfoliounternehmen sich an die Grundsätze der Kundenentwicklung halten, und Hunderte von Startups übernehmen Teile dieser Strategie.

Kundenentwicklung ist eine Idee, die sich entwickelt. Eric Rise zum Beispiel, ein ehemaliger Student von mir, der jetzt ein erfolgreicher Geschäftsmann ist, hat die Konzepte der Kundenentwicklung mit der agilen Entwicklungsmethodik integriert, um eine starke Theorie des Lean Startups zu entwickeln. Seit der Einführung seiner Dissertation vor etwas mehr als einem Jahr haben sich mehr als 3.500 Menschen Lean-Startup-Gruppen an

27 Standorten in neun Ländern angeschlossen. Ich habe über die Gründe für den Einsatz dieser drei Techniken nachgedacht, bevor ich mit der Diskussion des Kundenentwicklungsmodells begonnen habe.

Geschäftsbücher für Dummies, neueste Ausgabe

Erfolgreichen Unternehmen fehlte eine Beschreibung. Ich fand das seltsam. Obwohl die primären Entwicklungsansprüche kontraintuitiv waren, waren diejenigen, die sie übernahmen, erfolgreich. Der Weg ist nun frei. Die Idee der Kundenentwicklung floriert weiterhin unter Experten, Business-Coaches, Unternehmern und Investoren, die versuchen, erfolgreiche Start-ups zu gründen und sie zu Unternehmen zu skalieren, und das ist wahrscheinlich das, was mich am glücklichsten macht. Zur Kundenentwicklung gehört mehr als nur ein Buch. Es handelt sich um ein flexibles, anpassungsfähiges und spezialisiertes System, das sich mit der Verwirrung realer Probleme befasst. Ich freue mich zu sehen, wie sich diese Idee entwickelt hat.

Dieses Buch, „Wirtschaftsbücher für Dummies, neueste Ausgabe", wurde erstmals veröffentlicht. Der Satz „Wirtschaftsbücher für Dummies, neueste Ausgabe" verdeutlichte den Fortschritt. Dieses Buch erhöht den Standard für „Drittanbieter"-Bücher zum Thema Kundenwachstum. Sein Autor, Shane Maldonado, hat ein Buch geschrieben, das jeder Unternehmer nutzen kann, um Kundenentwicklungsstrategien in seinem Unternehmen umzusetzen. Sie unterteilten den Prozess der Kundensuche in eine Reihe von Phasen und lieferten klare Beispiele, detaillierte Anweisungen und potenzielle Gefahren, auf die man achten sollte. Jeder, der mit Startups arbeitet oder sich einfach nur für sie interessiert, sollte dieses Buch lesen.

Einführung

Warum wird dieses Buch benötigt?

„Four Steps to Epiphany" von Steve Blank veränderte den Lauf der Dinge. Sein Buch sticht aus der Geschäftswelt hervor, die voller Marketing-Unsinn, Tipps zum schnellen Reichwerden, Selbsthilfebüchern und Analysebänden ist, die die Zukunft unheimlich genau vorhersagen. Dies liegt daran, dass es einen nützlichen Rahmen für die Gründung und Gründung von Startups bietet, basierend auf der festen Überzeugung, dass die meisten Startups nicht scheitern, weil sie ihre Produkte nicht entwickeln, sondern weil sie ihre Märkte nicht erschließen.

Im Jahr 2005 veröffentlichte Steve Blank Four Steps to Epiphany. Dies ist eine Zusammenstellung von Vorlesungen, die er an der University of California, Berkeley und den Business Schools der Stanford University gehalten hat. Dieses „unverkäufliche" Buch von ihm wurde von Zehntausenden Menschen gekauft. Seine gut gelesenen Seiten, unterstrichenen Passagen und vollgestopften Notizseiten zeugen von seinem Wert. Seltene Ausgaben werden genauso behandelt, da sie nicht weggeworfen werden; Stattdessen bleiben sie als Nachschlagewerk im Regal. Die Vier Schritte zur Einsicht (in diesem Buch auch „Die Vier Schritte" genannt) sind kein großer Plan zur Eroberung der Welt, keine Zusammenstellung bewährter Methoden oder eine Sammlung wirkungsvoller Geschäftsmaximen. Bei Flexible Startup steht der Verbraucher im Mittelpunkt, das Verfahren , Ihre wichtigsten Geschäftsüberzeugungen über Ihre Verbraucher, Produkte und Ihren Markt auf die Probe zu stellen, von ihnen zu lernen und sie iterativ zu ändern. Warum ist dieses Buch dann notwendig? Ziel ist es, die Vier Schritte auf die nächste Ebene zu heben, indem Hindernisse beseitigt werden, die dem Verständnis und der Umsetzung des Kundenwachstums in die Praxis im Weg stehen. Unser Ziel ist es, den Kern von Steve Blanks Idee zu erfassen und Folgendes umzusetzen: Den Inhalt des Buches zu einem einfacheren, verständlicheren und nützlicheren Leitfaden für die Kundenentwicklung zusammenzufassen.

Zusammenfassungen und Einbeziehung der modernen Kundenentwicklungskonzepte von Vordenkern, die nach der Veröffentlichung von „The Four Steps" entwickelt wurden. Legen Sie den Grundstein für die Entwicklung von Standards und berücksichtigen Sie dabei weit verbreitete Terminologien und Ideen für die Kundenentwicklung. Flexibilität in der Kundenentwicklung sollte bei Verwendung mit jedem Unternehmensplan gezeigt werden. Erstellen Sie ein E-Book, das den Kundenentwicklungsprozess beschreibt. Unser Ziel ist es, Fehler zu vermeiden und dennoch auf den Punkt zu kommen. Wir hoffen, dass die Leute über dieses Buch debattieren, denn Debatten tun Ihnen gut. Aber was noch wichtiger ist: Sie werden in der Lage sein, das Konzept an Ihr Unternehmen, Ihre Überzeugungen und sogar Ihre Vision anzupassen.

Wer sollte dieses Buch lesen?

Das Kundenentwicklungs-Framework ist unabhängig von einer bestimmten Branche, einem bestimmten Markt oder einer bestimmten Produktgruppe. Der Standort, das Einkommen oder die Größe eines Unternehmens haben keinen Einfluss auf die Entscheidung, ein neues Produkt einzuführen. In der Kundenentwicklung zu denken, ist für alle von Vorteil. Obwohl verschiedene Kundenentwicklungsmethoden typischerweise nur mit Unternehmen in ihrer frühen Phase verbunden sind, ist dieses Prinzip auf alle Unternehmer anwendbar.

Die Kundenentwicklungsmethodik ist offen und anpassungsfähig, auch wenn wir hauptsächlich mit High-Tech-Unternehmen zusammengearbeitet haben, die als unser ursprünglicher Referenzrahmen dienten. Es kann in einer Vielzahl von Märkten und Branchen eingesetzt werden. Das Finden des Kunden ist das Hauptthema der Diskussion des Kundenentwicklungsprozesses in diesem Buch. Wir werden uns also auf Startups konzentrieren.

Die Wahrheit ist, dass es mit zunehmendem Alter Ihres Unternehmens schwieriger wird, Kundenwachstumsansätze umzusetzen. Das Untersuchen und Testen der grundlegenden Geschäftsannahmen, auf denen Ihr Unternehmen möglicherweise zuvor gegründet wurde, wird mit der Zeit immer anspruchsvoller. Zum Beispiel, wenn Sie eine Meldung machen müssen

Geschäftsbücher für Dummies, neueste Ausgabe

Angesichts des erwarteten Einkommenswachstums für Ihre Anleger im nächsten Monat wird es für Sie schwierig sein, mit dem, was Sie tun, aufzuhören und Ihre Grundüberzeugungen zu überdenken. Ihr Vorstand wird es zweifellos nicht verstehen, auch wenn Sie glauben, dass es das Beste ist, sich jetzt eine Auszeit zu nehmen und zu untersuchen, warum Ihr Unternehmen nicht so schnell wächst wie erwartet. Denn ein derart dramatischer Schritt erfordert in der Regel eine gewisse Sorglosigkeit und viel Vertrauen seitens der Behörden. Sie könnten sogar argumentieren, dass dieser unangenehme Umstand der Grund für die Entstehung der „Vier Schritte" war.

Dieses Buch ist höchstwahrscheinlich für diejenigen von Ihnen hilfreich, die ernsthaft in einem Technologie-Startup arbeiten, beispielsweise als Entwickler , Produktmanager oder Firmengründer, unabhängig davon, in welcher Phase sich Ihr Unternehmen befindet. Dieses Buch richtet sich in erster Linie an Firmeninhaber, die bereit und willens sind, ihre tief verwurzelten Annahmen darüber, wie die Welt funktioniert, in Frage zu stellen. Steven Blank erinnert sich: „Superman war eines der ersten Unternehmen, das einen externen Diskettenlaufwerkstreiber für den Original-Mac verkaufte; sie hatten auch die ersten Farbzeichnungsprogrammierer auf dem Mac; und als es Schwarzweiß-Macs gab, waren sie die ersten, die es herausbrachten." Farbtafeln." Superman war auch eines der ersten Unternehmen, das Farbtafeln für den Original-Mac herausbrachte.

Macs mit Grafik und großen Farbmonitoren Dennoch blieben ihre Bemühungen erfolglos, und schließlich gaben sie ihr Geschäft auf und meldeten Insolvenz an. Niemand in der Firma glaubte wirklich an das, was sie taten; Sie hatten keine Ahnung, wer ihr Kunde war und wie sie ihn dazu bringen konnten, ihre Waren zu besuchen und zu kaufen. Ich begann zu arbeiten.

Einführung

Steve beschreibt in „Die vier Schritte" einzigartige Situationen, in denen das Kundenwachstum möglicherweise nicht akzeptabel ist. Einige Unternehmen leiden unter technologischen Risiken, haben aber auch keine (oder haben solche, wenn auch geringfügige) marktbezogene Bedenken. Mit den Worten von Steve Blank: „Risiken in Biotech-Unternehmen hängen in erster Linie mit der Phase der Produktentwicklung zusammen – der Annahme der richtigen Forschungshypothese und der Entwicklung eines erfolgreichen und wirksamen Medikaments daraus – und nicht mit der Zulassung und Akzeptanz des Produkts durch die Kunden."

Ein weiteres Beispiel dafür, dass die Kundenentwicklung unangemessen sein kann, sind Blasenunternehmen, bei denen Investoren oder Kapitalmärkte jedem Startup mit „Momentum" Geld zuwerfen. In solchen Fällen empfiehlt Steve, „die Kundenentwicklung über Bord zu werfen". Dennoch möchten wir Sie zur Umsicht auffordern: Anstatt die Kundenentwicklung sofort aufzugeben, lassen Sie das Buch weiterhin im Regal liegen. Schließlich leben Seifenblasen per Definition nicht lange.

Kundenentwicklung

Was ist Kundenentwicklung?

C **Bei der Kundenentwicklung** handelt es sich um ein vierstufiges Framework, das es Ihnen ermöglicht, die von Ihnen identifizierten Merkmale Ihres Produkts zu finden und zu validieren, die zur Erfüllung der Kundenbedürfnisse erforderlich sind. Haben Sie den richtigen Markt und die richtigen Methoden dafür ausgewählt, um Kunden zu interessieren und sie vom Kauf Ihres Produkts zu überzeugen? ob Sie die richtigen Ressourcen zur Skalierung Ihres Unternehmens eingesetzt haben.

Auf einer abstrakten Ebene besteht der Kern der Kundenentwicklung darin, Ihre Kerngeschäftsvorschläge in Frage zu stellen. Hier wird die wissenschaftliche Methode auf etwas angewendet, das keine wirklich wissenschaftliche Forschung ist (den Aufbau eines Unternehmens). Dieser Prozess ähnelt aufgrund der folgenden Schritte der wissenschaftlichen Methode:

Beobachtung und Beschreibung des Phänomens;

Formulieren einer Hypothese zur Erklärung des Phänomens;

Verwenden einer Hypothese, um die Ergebnisse neuer Beobachtungen vorherzusagen;

Messung von Prognoseergebnissen anhand experimenteller Tests.

Geschäftsbücher für Dummies, neueste Ausgabe

Dieser Prozess wird verwendet, um die folgenden geschäftsbezogenen Informationen zu finden und zu überprüfen:

Das Produkt löst das Problem einer identifizierbaren Benutzergruppe (Kundensuche);

Der Markt ist groß und erfolgreich genug, um ein rentables Geschäft aufzubauen (Kundenverifizierung);

Das Unternehmen kann durch wiederholte Vertriebs- und Marketingrichtlinien skalieren (Firmengründung);

Zur Unterstützung der Skalierung (Company Building) werden Unternehmensabteilungen und Arbeitsabläufe geschaffen.

Einem alten Sprichwort zufolge ist „Vielleicht" die schlechteste Antwort, die Sie von einem Kunden erhalten können. Dieser Rat gilt auch für die Kundenentwicklung. Ein erfolgreiches, schnell expandierendes Unternehmen ist das primäre angestrebte Ergebnis der Umsetzung eines Kundenentwicklungsplans; Alles, was die Kundenentwicklung garantieren kann, ist die Maximierung

das Erfolgspotenzial des Unternehmens. Das zweite gewünschte Ergebnis ist, dass es keinen Markt gibt oder dass die Ressourcen des aktuellen Marktes nicht ausreichen, um das Unternehmen zu gründen, das Sie sich immer gewünscht haben. Es gibt eine iterative Komponente der Kundenentwicklung, die darauf abzielt, jegliche Kompromisse zwischen diesen beiden Zielen zu beseitigen. Sie „schwenken" – eine Änderung Ihrer Überzeugungen – um an jedem Kontrollpunkt einen alternativen Kurs zu testen. Am Ende entdeckt man entweder den richtigen Weg oder man kommt zum Ziel

Was ist kein Kunde?
-Entwicklung?

C**Bei der Kundenentwicklung** handelt es sich weder um eine starre Reihe von Maßnahmen, die ein Unternehmen zum Erfolg führen, noch um eine „prätentiöse" Philosophie, die eine gründliche Analyse und die strikte Einhaltung von „von oben" auferlegten Gesetzen erfordert, damit Sie nicht in der Startup-Hölle landen. Zu Ihrer Information: Kundenentwicklung ist weder eine verbindliche noch eine pauschale Methodik.

Customer Development entstand aus Steve Blanks Erfahrung – „Ich habe die Essenz aus meinen Erfolgen und Misserfolgen extrahiert" – sowie aus seinen Beobachtungen der Praktiken erfolgreicher Unternehmen.

Der Erfolg Ihres Unternehmens ist durch Kundenentwicklung nicht gesichert, auch wenn Sie diese gut umsetzen. Aufgrund der Kundenentwicklung werden Sie gezwungen sein, Ihre Entscheidungen mehr auf etablierten Theorien als auf unlogischen Annahmen zu stützen. Ihr Ansatz zur Kundenentwicklung kann zeigen, dass alle Ihre Annahmen über Ihren Markt, Ihre Verbraucher und Ihre Produkte unbegründet sind. Tatsächlich ist die Wahrscheinlichkeit dafür am höchsten. In der folgenden Phase werten Sie als Ideengeber (Unternehmer) die gewonnenen Daten aus und geben originelle Empfehlungen für das weitere Vorgehen. Viele Wirtschaftsbücher ermutigen Unternehmer , niemals aufzugeben. Sie sagen, dass man sich hartnäckig behaupten muss und seinen Traum, ein großartiges Produkt und/oder ein großartiges Unternehmen zu schaffen, nicht aufgeben muss und dass der Erfolg ganz in der Nähe ist, egal wie die Chancen stehen oder was der Markt sagt. In diesen Büchern wird diese Art von Ratschlägen durch die optimistischen Geschichten von Unternehmern veranschaulicht, die allen Widrigkeiten zum Trotz erfolgreich waren und sich einfach weigerten, ihre Niederlage einzugestehen.

Während Beharrlichkeit und Willenskraft sicherlich gute Ratschläge sind, sind Kundenentwicklungsmethoden darauf ausgelegt, Ihnen Daten und Feedback zu liefern, die Sie möglicherweise nicht hören möchten. Und Ihre Pflicht ist es, zuzuhören. Es gibt kein einziges Milliardenunternehmen, das offen zugibt, dass es ein Kundenentwicklungsmodell zum Erfolg genutzt hat. Gleichzeitig verwendeten die meisten dieser Unternehmen in ihrer Praxis verschiedene Elemente der Kundenentwicklung, unabhängig davon, ob sie wussten, was sie verwendeten, oder es anders nannten.

Drei Studienstufen

Die Kundenentwicklungsmethode umfasst drei Komponenten: Verständnis der Philosophie der Methode. Wenden Sie die Prinzipien der Methode auf Ihr Unternehmen an. Konkrete Schritte planen.

Philosophie Wenn Sie aus der Lektüre dieses Buches nur eines mitnehmen, hoffen wir, dass es lautet: **„Stellen Sie Ihre Überzeugungen in Frage."** Kennen Sie den Unterschied zwischen

unternehmerischem Eifer und blinder Arroganz. Lassen Sie eine entscheidende Wende Ihren Weg zur Verwirklichung Ihrer eigenen Vision verändern. Lassen Sie sich vom Markt zu einem anderen Ergebnis führen. Die meisten erfolgreichen Unternehmen haben dies getan. Prinzipien Die Anwendung der Prinzipien der Kundenentwicklung auf Ihr Unternehmen kann möglicherweise die schwierigste Herausforderung sein, der Sie gegenüberstehen. Wenn Sie ein einfaches Geschäftsmodell haben, sind Sie dafür bereit. Es ist ein ziemlich einfacher Prozess, Ihre Überzeugungen über das richtige Produkt für den richtigen Kunden zu testen, wie Sie das Produkt am besten liefern und wie Sie Ihre Kunden am besten erreichen und konvertieren.

Doch je komplexer Ihr Geschäftsmodell und Ökosystem ist, desto schwieriger ist es, die Reihenfolge zu bestimmen, in der Überzeugungen getestet werden sollten, mit wem und wie man sie vergleicht. Es gibt keine richtigen oder falschen Antworten, aber wenn Sie tiefer graben und alle Variablen berühren, die Sie bewerten müssen, werden Sie erkennen, wie hoch Ihr Kartenhaus wirklich ist.

Wenn Sie alle diese Ideen effektiv auf Ihre Unternehmensstrategie anwenden können, wird es für Sie ziemlich einfach sein, die in diesem Buch beschriebenen Verfahren zu verstehen und zu befolgen. Einfach zu verstehen, aber überraschend schwer in die Praxis umzusetzen. Wir hoffen, dass unsere Übungen und Warnungen vor häufigen Fehlern Ihnen dabei helfen, alle Herausforderungen zu meistern, mit denen Unternehmer konfrontiert sind, bevor sie den Schritt wirklich wagen ...

Erster Start

C **Die Kundenentwicklung** als Rahmenwerk sollte auf Ihr Unternehmen zugeschnitten sein, wie ein Anzug, den ein Schneider auf Bestellung für einen Kunden anfertigt. Um Ihnen dabei zu helfen, dieses Ziel zu erreichen, haben wir dieses Buch nach folgenden Zielen strukturiert:

Zunächst stellen wir Ihnen unsere Interpretation wichtiger Konzepte und Definitionen im Zusammenhang mit Marketing, Kundenentwicklung und Lean Startups vor.

Anschließend helfen wir Ihnen bei der Beschreibung Ihres Unternehmens, einschließlich Ihrer Vision, Ihres Modells, Ihres Produkts und Ihres Zielmarkts, und bereiten Sie so auf die Kundenentwicklung vor.

Abschließend erklären wir Ihnen, welche Schritte Sie unternehmen müssen, um die erste Phase der Kundenentwicklung – die Kundengewinnung – zu durchlaufen.

In den folgenden Büchern werden wir versuchen, andere Phasen des Kundenentwicklungsprozesses zu verstehen: Glauben Sie uns, zum ersten Mal wird es mehr als ausreichen, einfach „Ihre Zähne auszuprobieren" zum Thema Kundenentwicklung.

Fall Naive Gedanken

Sonic Mule produziert mobile Produkte für ein neues Phänomen namens Social Music. Obwohl die Sonic Mule-Gründer Jeff Smith und Dr. Gee Wong dachten, sie hätten eine klare Vision 2 eigenes Geschäft, tatsächlich war es nicht so. Wir haben mit CEO Jeff Smith darüber gesprochen, wie Glaubenstests und Kundenentwicklungsarbeit geschäftliche Erkenntnisse in Fakten verwandeln.

Als wir uns auf das Interview vorbereiteten, sprachen wir über die Musik, die wir selbst hörten, und von diesem Thema aus begannen wir unseren offiziellen Dialog. Ich spiele wirklich gerne mit meinen Brüdern in der Garage, obwohl ich nicht sicher bin, ob ich darin besonders gut bin.

Vor der Entwicklung der Tonaufnahme musste jede Musik aufgeführt werden, häufig vor Publikum. Sowohl im Ethos als auch im Leitbild unseres Unternehmens heißt es, dass Musik ein gesellschaftliches Phänomen ist. Derzeit muss Musik neu definiert werden, und damit meine ich, dass sie zu ihren Wurzeln als gesellschaftliches Phänomen zurückkehren muss. — Du hast hohe Ansprüche an dich selbst. Wie fängt man an?

Nun, wir wussten, dass wir mobile Inhalte machen wollten, aber was 2 Ich, ein Mann, der in der B2B-Software gearbeitet hat, wüsste davon? Deshalb gingen wir mit einer „naiven Denkweise" an diesen Markt heran, was bedeutete, dass wir die Theorie testen, sie dann anwenden und dann noch einmal testen mussten — so gehen wir vom ersten Tag an an unser Geschäft heran. Wir prüfen, ob die Technologien funktionieren, ob die Vertriebskanäle funktionieren, ob wir den Verbrauchern das bieten, was sie wirklich brauchen.

Geschäftsbücher für Dummies, neueste Ausgabe

Es scheint, dass Sie in kurzer Zeit eine große Anzahl von Produkten entwickelt haben. Sind Sie auf der Suche nach der optimalen Anwendung?

Wir haben Miniprogramme entwickelt, in denen jeweils unterschiedliche Komponenten getestet wurden. Tatsächlich war unser erstes Produkt ein mobiles Analysegerät, mit dem wir genau herausfinden konnten, was zwei Personen mit Produkten machten und warum. Und sobald wir Benutzer gewonnen hatten, interagierten wir direkt mit ihnen, um die Daten zu überprüfen, die wir während der Analyse erhalten hatten. Dies half uns später, unsere Forschung zur Marketingumstrukturierung zu validieren.

Unsere erste iPhone-App war ein virtueller Zigarettenanzünder. Es war cool. Die Flamme blitzte mit einer Frequenz von 30 Bildern pro Sekunde; Sie könnten mit dem Feuer spielen, es zum Beispiel ausblasen. Blowing Out the Flame wurde zu einer klassischen Demo, die sich durch Mundpropaganda verbreitete. Sie können auf die Weltkarte klicken und sehen, wo Menschen zu einem bestimmten Zeitpunkt ihre Lichter anzünden. Es schien eine verrückte soziale Erfahrung zu sein, aber der Sinn der Herausforderung bestand darin, herauszufinden, ob bestimmte Funktionen funktionieren würden, nämlich das Simulieren von Flammenblasen und der Verbreitung von Viren. Das Produkt war sehr erfolgreich. Wir haben jedoch festgestellt, dass nur 3 % unserer Nutzer die App von einem Telefon auf ein anderes übertragen haben.

3% sind irgendwie unwürdig...

Rechts. Deshalb haben wir mittendrin den Kurs geändert und die Tech Boom-App veröffentlicht, um diese Kennzahl zu verbessern. Und als wir Tech Boom starteten, ein virtuelles Feuerwerk, um zu sehen, ob die Leute es von Telefon zu Telefon streamen würden (da es bereits Ton hatte), stieg diese Zahl auf 20 %.

Am nächsten Tag kam ich zur Arbeit und sagte, wenn wir keine versteckten Probleme mit dem Telefon hätten, dann hätten wir eine ganze Reihe von Anwendungen, die den Verbrauchern wirklich gefallen würden. Am nächsten Tag haben wir die Sonic Vex-App gestartet, mit der Sie Ihre Stimme in Echtzeit in Darth Vaders * verwandeln können.

Drei Wochen später starteten wir die Ocarina-App, um zu sehen, ob wir den anonymisierten Status des Audionetzwerks ändern könnten, indem wir es in Brand setzen.

Darth Vader ist die Hauptfigur des Kultfilmepos „Star Wars". Hinweisspur

Kundenentwicklung 31

von einem Telefon zum anderen und verwandelt das Netzwerk in etwas Persönliches, das den Menschen die Möglichkeit gibt, sich auszudrücken, ihre in Ocarina erstellten Songs zu kreieren und zu teilen.

Viele iPhone-Anwendungen sind kostenlos. Welchen Weg haben Sie eingeschlagen – kostenpflichtig oder kostenlos?

Alle unsere Bewerbungen waren immer kostenpflichtig. Es schien uns, dass wir nur so wirklich testen konnten, wie wertvoll sie waren. Wir haben derzeit etwa vier Millionen Nutzer.

Wie ist Ihr Unternehmen so groß geworden? Suchen Sie nach Geschäftsmodellen, die Ihr Unternehmen wirklich skalierbar machen?

„Ich kann noch nicht sagen, dass wir sicher sind, da wir noch Fragen haben, die beantwortet werden müssen." Aber wir sind ziemlich zuversichtlich, was die Zukunft der sozialen Musik angeht. Hier ist, was wir gefunden haben. Erstens: Alle Menschen interessieren sich für soziale Musik. Zweitens ist es aus Marketing-Sicht ein fantastischer Erfolg, weil es unsere Benutzer dazu bringt, für uns zu arbeiten. Wir glauben, dass die Daten, die existieren, real sind, und deshalb gewinnen wir doppelt.

Sie haben also Ihre Technologie getestet und bewiesen, getestet und bewiesen, dass es einen potenziell riesigen Markt gibt, die entsprechenden Kanäle getestet und optimiert und jetzt testen und iterieren Sie in der Geschäftsmodellphase.

Ja. Im zweiten Halbjahr 2009 haben wir viele Marktkanäle getestet. Nun widmen wir uns dem Geschäftsmodell und der Kundenakquise. Wir entwickeln ein Modell, um unsere vier Millionen Nutzerbasis besser zu monetarisieren. Wie können wir die Monetarisierung pro Benutzer steigern?

Welche Social-Music-Möglichkeiten können wir Partnern eröffnen?

Konzeptdefinitionen

F**Bei jeder Definition** nutzten wir unser Wissen über den Entwicklungskontext des Kunden. Wir haben die japanische Lean Manufacturing (Kaizen) nicht untersucht, wir haben nicht nach dem ursprünglichen Ursprung des Begriffs „Minimum Machbares Produkt" (MEP) gesucht; Wir haben Marc Andreessen * nicht zum Thema richtiges Produktmarketing interviewt.

Unsere Absicht war es, eine Zusammenfassung bisheriger Ideen zu diesem Thema zusammenzustellen und die Grundlage für die Sprache zu schaffen, die in der heutigen Startup-Kultur verwendet wird. Auch wenn Sie mit unserer Definition der Idee nicht einverstanden sind, werden Sie zumindest verstehen, was wir meinen, wenn wir einen dieser Ausdrücke verwenden. Sie können argumentieren, dass eine bestimmte Technik kosteneffektiv oder ineffektiv ist, aber wir möchten Sie wissen lassen, dass wir dies als Rechtfertigung für Inaktivität betrachten.

Frühe Adepten

Kurz gesagt: Dies sind leidenschaftliche Early Adopters neuer Technologien oder neuer Produkte, die deren Wert erkennen, bevor diese Produkte die Aufmerksamkeit des Massenmarkts erlangen. Um die Produktakzeptanz voranzutreiben, ist es von entscheidender Bedeutung, frühe Anwender zu gewinnen

. 1992 adaptierte und verbreitete Geoffrey Moore in seinem Buch „Crossing the Chasm " das Konzept der „Lebenszykluskurve für die Einführung neuer Technologien", bei der die Technologie schrittweise in fünf Phasen eingeführt und entsprechend kategorisiert wird auf die Art des Käufers. Dies sind die Typen:

Innovatoren – verfolgen aggressiv neue Technologien, oft aus reinem Interesse an Technologie;

Early Adopters – die ersten, die die Technologie aufgrund ihrer wichtigen Vorteile nutzen;

Frühe Mehrheit – verlässt sich auf die Vorteile neuer Technologien, wartet aber darauf, dass andere Probleme erkennen;

Die spätere Mehrheit ist nicht an der Technologie selbst interessiert, sondern wartet, bis allgemein anerkannte Marktführer etabliert sind, und kauft tatsächlich den Standard.

Konzeptdefinitionen _

Zurückbleiben – mit der Technik nichts anfangen wollen; Technologie nutzen, ohne von ihrer Existenz zu wissen.

Der Übergang in jede neue Phase wird durch die Lücke behindert, die durch die Differenz zwischen den Produktanforderungen und den Kaufgewohnheiten der Kunden aus der nachfolgenden Phase entsteht. Moores Buch beschreibt die Kluft zwischen den Early Adopters und der Early Majority.

Diese Kluft ist so groß und tief, dass sie am treffendsten mit dem Wort „Abgrund" beschrieben werden kann. Bei der Kundenentwicklung geht es darum, näherzukommen und sich darauf vorzubereiten, die Kluft zu überwinden.

Reis. 2. Moores überarbeitetes Konzept des Lebenszyklus der Einführung neuer Technologien

Überarbeitung des Lebenszykluskonzepts für die Einführung neuer Technologien

Early Adopters sind für Startup-Unternehmen wichtig, weil sie:

suchen nach neuen Technologien, nicht nur, um über die neueste Technologie zu verfügen, sondern um ihre eigenen Schwierigkeiten oder die Herausforderungen ihres Unternehmens anzugehen;

Neueste Version von 38 Business-Büchern für Dummies

Verlassen Sie sich beim Kauf nicht auf die Ratschläge anderer. Obwohl sie von anderen frühen Adepten beeinflusst wurden, besteht ihr Hauptziel darin, das erkannte Problem zu lösen;

Early Adopters legen Wert auf Ihre Leistung und möchten Sie – das ist von entscheidender Bedeutung – unterstützen. Early Adopters schätzen Chancen, die es ihnen ermöglichen, in die Rolle von Helden zu schlüpfen und gleichzeitig tatsächliche Probleme zu lösen.

Segmentierung

IN **Kurz gesagt:** Dabei handelt es sich um die Praxis, einen großen Markt in kleinere, identifizierbare Gruppen von Nutzern aufzuteilen, die die gleichen spezifischen Bedürfnisse haben und sich gegenseitig Empfehlungen geben. Marktsegmentierung wird oft mit Kundenprofilen oder vertikalen Branchen verwechselt.

Die Definition von Segmentierung ist etwas komplexer: Marktsegmente umfassen ähnliche Personen, die gemeinsame Interessen haben, Zugang zueinander haben und die Empfehlungen des anderen als vertrauenswürdig wahrnehmen.

Wenn ein potenzieller Kunde aus Kalifornien die Bedürfnisse eines potenziellen Kunden aus Zaire teilt, aber nicht dessen Kommunikationsmethode nutzt, dann befinden sie sich in unterschiedlichen Segmenten. Und wenn beide potenziellen Kunden in New York leben, aber in völlig unterschiedlichen Branchen arbeiten und unterschiedliche Verantwortungsgrade haben, dann sind sie höchstwahrscheinlich in unterschiedlichen Segmenten tätig. Sie trennen sie auf diese Weise, da Ihr Marketing und Ihr Vertrieb auf jeden von ihnen unterschiedlich abzielen sollten.

Einzelne Personen innerhalb eines Segments kommunizieren nicht unbedingt miteinander, wichtig ist jedoch, dass sie diese Möglichkeit haben.

Die Begründung lautet wie folgt:

Startup rund um den Kunden 40

Der Einsatz von Mundpropaganda-Produkten funktioniert am besten bei Kunden, die die gleichen Bedürfnisse haben und über die gleichen Kommunikationsmittel versuchen, diese Bedürfnisse zu befriedigen.

„Aufeinander zugreifen" bezeichnet eine gemeinsame Methode, auf sie zuzugreifen.

Die indirekte Bekanntheit (z. B. PR, Empfehlungen, Erfahrungsberichte * usw.) ähnlicher Menschen, die ein Produkt kaufen, hat einen starken Einfluss.

Einer der Kerngedanken von Moores Buch „ Crossing the Chasm" ist, dass man nur einen Abschnitt auswählen muss, um einen Brückenkopf für die frühe Mehrheit zu errichten. Wenn es mehrere solcher Segmente gibt, wird es schwierig, das Geschäft zu skalieren, wenn es notwendig ist, das Produkt an die Kundenanforderungen anzupassen, spezifische Marketingmaßnahmen auszuwählen und Verkäufe zu tätigen. Während die Ausrichtung auf verschiedene Segmente heutzutage im Hinblick auf Entwicklungskosten und Marketingeffizienz nicht besonders teuer ist, maximiert die Konzentration auf eine „Ein-Segment"-Philosophie die Vorteile der

Segmentierung. Durch die richtige Segmentierung können Sie:

Erfahren Sie schneller Neuigkeiten über die Marktbedingungen;

Finden Sie ein unbesetztes Segment, also ein Segment ohne Konkurrenz.

Früher zum Marktführer werden (indem Sie das Segment dominieren);

Erfahrungsberichte – Empfehlungen von dankbaren Vorgängern. Anmerkung ed .

Ordnen Sie Segmente in einer Reihe an (und stoßen Sie sie nieder) wie Kegel in einer Bowlingbahn (ein erfolgreich erobertes Segment destabilisiert seine Nachbarn);

Maximieren Sie die Kapitaleffizienz, indem Sie sich auf vorhandene Ressourcen konzentrieren.

Glücklicherweise besteht einer der großen Vorteile des Online-Marketings, insbesondere der sozialen Medien, darin, dass Sie damit benachbarte Segmente zum richtigen Zeitpunkt erobern und sich gleichzeitig der Wertschöpfung für Ihre Kernkundschaft widmen können.

Markttyp

IN **Kurz gesagt:** Es handelt sich um ein von Steve Blank entwickeltes Konzept zur Beschreibung der unterschiedlichen Marktbedingungen, denen neue Produkte ausgesetzt sind. Es werden folgende Typen unterschieden: bestehender Markt, neu segmentierter Markt und neuer Markt.

Wenn Sie ein neues Produkt auf einem neuen Markt einführen:

Ihre Technologie ist so neu, dass sie den bestehenden Markt in Stücke reißt;

per Definition besitzt Ihr Produkt 100 % des Marktes;

Sie müssen Ihren Kunden erklären, was Ihr Produkt ist, wofür es gedacht ist und wie sie es verwenden werden;

Da es keine Konkurrenzprodukte auf dem Markt gibt, ist es unwahrscheinlich, dass Ihre Zielgruppe von einem bestehenden Produkt wechselt, sobald sie Ihr Produkt nutzt. Wenn Menschen aufhören, einen Gegenstand zu benutzen, wird er theoretisch durch einen völlig anderen Gegenstand ersetzt und nicht durch einen neuen

Gegenstand der gleichen (oder ähnlichen) Art, ähnlich wie ein Auto eine Pferdekutsche ersetzt hat.

Bestehender Markt

Wenn ein neues Produkt in einen bestehenden Markt eindringt, versucht es zunächst, den großen Playern Marktanteile abzujagen. Ein neues Produkt versucht nicht, den Marktanteil zu vergrößern; es versucht, „ein Stück zu ergattern".

In einem solchen Markt werden Verbraucher aufhören, das Produkt eines Mitbewerbers zu verwenden, um Ihr Produkt zu verwenden. Sie werden Ihr Produkt verwenden, weil seine Eigenschaften und Funktionalität überlegen sind, und nicht, weil Sie einer Zielgruppe von Menschen mit besonders preissensiblen Einstellungen einen erschreckend niedrigen Preis oder einer Gruppe von Menschen mit besonderen Bedürfnissen einen besonderen Funktionsumfang anbieten.

Neusegmentierung des bestehenden Marktes (niedriger Preis und Nische)

Ein neues Produkt, das zu einem dauerhaft absurd niedrigen Preis auf einen etablierten Markt gelangt, verdrängt nicht nur den Marktanteil bestehender Produkte, sondern vergrößert auch den Markt, da es preisbewusste Kunden anzieht, die sonst keinen Kauf tätigen würden. Kunden werden entweder aufgrund der erheblichen Kosteneinsparungen zu Ihrem Produkt wechseln oder weil sie sich das Produkt Ihrer Konkurrenz nicht mehr leisten können.

Wenn ein neues Produkt mit einzigartigen Funktionen, die auf eine bestimmte Benutzerklasse ausgerichtet sind, in einen bestehenden Markt eindringt, nimmt es den etablierten Betreibern nicht nur Marktanteile ab. Es vergrößert auch den Markt, indem es 2 an neue Kunden verkauft, die durch den Bedarf an neuen Funktionen im Produkt dorthin gebracht werden. Oder der Kunde wird aufhören Wirtschaftsbücher für Dummies neueste Ausgabe 44

Nutzen Sie das Produkt eines Mitbewerbers und beginnen Sie damit, Ihres zu verwenden, weil die Funktionen Ihres Produkts deren Anforderungen besser erfüllen, oder Sie werden neue Benutzer gewinnen, weil bestehende Produkte ihre Anforderungen nie ausreichend erfüllt haben.

„Faustregeln" *

Der schwierigste Teil besteht darin, zu entscheiden, ob Ihr Produkt einen neuen Markt erschließen oder einen bestehenden neu segmentieren wird. Startup-Unternehmer denken oft, sie hätten ein neues Produkt für einen neuen Markt, aber in Wirklichkeit ist das selten der Fall.

Man kann argumentieren, dass die meisten technologischen Fortschritte entweder die Kosten senken oder die Möglichkeit neuer Funktionen schaffen, die die

Problemlösung in bestehenden Märkten verbessern. Eine echte Marktstörung erfordert häufig erhebliche technologische Innovationen oder nutzt vorhandene Technologien auf neue und unerwartete Weise. **Höchstwahrscheinlich segmentieren Sie den Markt neu.**

Es sind zwei scheinbar paradoxe Punkte zu berücksichtigen:

Der Standpunkt Ihres Kunden zu Ihrem Markttyp ist wichtiger als Ihrer.

Sie können Ihren Markttyp wählen.

Wenn wir die erste Option wählen, dann können wir sagen, dass wir uns in einer bestimmten Art von Markt befinden: Es gibt sie

Eine „Faustregel" ist eine allgemeine Faustregel, eine Methode (keine strenge Regel), die in den meisten Situationen funktioniert und auf Erfahrung oder allgemeinem Wissen basiert. Hinweisspur

an einem bestimmten Standort im Vergleich zu Wettbewerbern innerhalb eines bestimmten Marktes. Aber wenn der Klient das nicht denkt, welchen Nutzen haben dann Ihre Überzeugungen? Wenn Sie beispielsweise Facebook für Senioren entwerfen, werden Sie und Ihre Freunde sowie technisch versierte Experten feststellen, dass Sie sich ein Segment des Social-Networking-Marktes erschlossen haben: die Marktnische für Rentner. Alles scheint großartig, aber wenn ältere Menschen noch nie von Facebook gehört haben, was nützt es dann? Versuchen Sie es mit einer Click-to-Landingpage-Anzeigenüberschrift [*] , die Ihr Produkt als Facebook für Senioren bewirbt, und sehen Sie, wie weit Sie kommen.

Bei der zweiten Option wird der Ansatz anders sein. Sofern Sie nicht über viel Geld verfügen, sollten Sie so tun, als würden Sie den Markt neu segmentieren. Die Einführung eines neuen Produkts erfordert Marketinginvestitionen in Millionenhöhe, um den Kunden beizubringen, was das neue Produkt bewirkt und warum sie es benötigen. Die Einführung in einem bestehenden Markt erfordert auch Millionen von Dollar an Marketing, um mit bestehenden Playern zu konkurrieren, die Sie vernichten wollen. Sofern Sie nicht über Millionen von Dollar verfügen, müssen Sie Ihr Unternehmen aufbauen oder den Investoren seine Erfolgschancen beweisen, indem Sie ein bestimmtes Nischenmarktsegment dominieren. Im letzteren Fall befinden Sie sich im Wesentlichen in einem „segmentierten neuen Markt", der ähnlich wie ein neu segmentierter bestehender Markt funktioniert.

Die Landingpage ist die Seite, auf der der Benutzer landet, indem er auf eine Anzeige klickt oder einem Link aus einem Suchabfrageergebnis folgt. Mehr Details dazu im Buch: Ash T. Steigerung der Wirksamkeit von Online-Werbung. Optimierung von Landingpages zur Verbesserung der Konvertierung. M.: Mann, Ivanovo und Ferber, 2011. Anmerkung pro.

Unkonventionelles Geschäft
Modelle

IN **Kurz gesagt:** Dabei handelt es sich um Geschäftsmodelle, bei denen ein Produkt nicht für einen bestimmten Betrag direkt an den Kunden verkauft wird. Zum Beispiel Geschäftsmodelle, die einige kostenlose Elemente beinhalten oder das Geschäft skalieren möchten, bevor Einnahmen generiert werden.

Später besprechen wir, wie man Kundenentwicklungstechniken auf alternative Geschäftsmodelle anwenden kann. Zunächst möchten wir eine klare Unterscheidung zwischen den Konzepten vornehmen. Es ist wichtig, zwischen Unternehmern zu unterscheiden, die glauben, dass kostenlos der beste Weg ist, ihr Geschäft auszubauen, und solchen, die zögern, die Gültigkeit ihrer Ideen mit dem ultimativen Schiedsrichter des Marktes zu testen: Bargeld. Das sind nicht immer die gleichen Leute. Ein Fermium-Geschäft (von Fermium) ist ein Unternehmen, das viele Stufen bietet, die sich nach Produktmerkmalen und Preis unterscheiden, von denen eine kostenlos ist. Ein Fermium-Unternehmen muss eine Version oder ein bestimmtes Level haben, für das eine Zahlung erforderlich ist. Andernfalls handelt es sich laut Definition bereits um ein freies Geschäft und nicht um Fermium.

Das kostenlose Geschäftsmodell wird von einem Unternehmen verwendet, wenn sein primäres frühes Ziel darin besteht, die Anzahl der Benutzer zu erhöhen. Dieses Wachstum muss dem Wissen (und nicht der Annahme, dass Sie es wissen) vorausgehen, wie man Benutzer durch Werbeeinnahmen, Verkaufsideen, Metadaten oder virtuelle Güter monetarisiert. Bei einigen dieser Unternehmen handelt es sich möglicherweise um ein Pre-Revenue-Modell. Beispielsweise haben die Eigentümer des Unternehmens noch nicht entschieden, mit welcher Methode sie die Nutzer monetarisieren wollen. Einige Unternehmen müssen ein Produkt kostenlos nutzen, um diesen Benutzern andere Produkte verkaufen zu können. Und andere müssen zunächst die Anzahl der Nutzer erhöhen, bevor der Wertschöpfungsmechanismus stirbt.

Positionierung

IN **Kurz gesagt:** Bei der Positionierung geht es darum, Ihr Produkt auf dem Markt und in den Köpfen Ihres Publikums zu platzieren. Geoffrey Moores Konzept der „Produktpositionierung" umfasst die folgenden Informationen: Wissen darüber, wer Ihr Kunde ist und welche Bedürfnisse er hat; den Namen Ihres Produkts und die Art oder Kategorie der Produkte, zu der es gehört; Hauptvorteile des Produkts für Ihren Kunden (unwiderlegbarer Kaufgrund); Beschreibung des Lebens des Kunden ohne Ihr Produkt; Wissen darüber, wie sich Ihr Produkt von anderen unterscheidet oder wie es „das Spiel verändert".

Wie Sie Ihr Produkt positionieren, bildet die Grundlage Ihrer Kommunikation mit allen Ihren Zielgruppen, einschließlich Kunden, Investoren, Partnern, Mitarbeitern usw. Ziel der Positionierung bei Ihren Kunden ist es, ihnen mitzuteilen, welchen Nutzen sie von Ihnen haben und warum Sie besser sind als alle anderen.

Hinweise

Das Vorhandensein eines besonderen Merkmals, eines Unterscheidungsmerkmals, in Ihrem

Produkt ist kein zwingender Kaufgrund, der Nutzen, den es bietet, kann jedoch ein solches Argument sein.

Wenn Sie beispielsweise der Erste sind, der ein Vertriebsautomatisierungstool in einem Seas-Geschäftsmodell (Software as a Service) anbietet, werden Ihre Kunden nicht kaufen, weil Sie Seas sind, obwohl dies das Hauptunterscheidungsmerkmal ist. Sie kaufen aufgrund der Vorteile, die Seas im Vergleich zu den Vorteilen einer In-Sourcing-Lösung bietet: Die IT-Kosten sind niedriger; die Implementierungskosten sind geringer; Fernzugriff ist einfacher; die Integration in das Netzwerk ist einfacher; Die Weboberfläche reduziert Schulungskosten usw.

Ihre Positionierung variiert je nach Zielgruppe. Im Kapitel „Markttyp" wird das Beispiel Facebook für Senioren als Beispiel für eine schlechte Positionierung für Kunden angeführt, ist aber möglicherweise für Investoren, Partner, einige Medien und Analysten durchaus geeignet. Deshalb müssen wir Sie vor Situationen warnen, in denen ein Briefing für Medien (also Produkt-PR) und Analysten zu früh erfolgt: Eine falsche Positionierung (und zu späte PR) kann das Unternehmen ruinieren. Wenn die Medien- und Analystenberichterstattung über Ihre Marke Kunden verwirrt oder Ihr Produkt fälschlicherweise mit bestehenden verwechselt, besteht ein hohes Risiko, dass Sie Verluste nicht ausgleichen können.

Passendes Produkt
Marketing

Kurz gesagt: Wir meinen eine Situation, in der das Produkt von interessierten Nutzern aktiv nachgefragt wird und einen erheblichen Teil des Marktes ausmacht.

Marc Andreessen definiert „relevantes Produktmarketing" als: „In einem guten Markt mit einem Produkt sein, das diesen Markt befriedigen kann." Steve Blank schreibt: „Die Kundenverifizierung beweist, dass Sie eine Gruppe von Kunden und einen Markt gefunden haben, die positiv auf Ihr Produkt reagieren und diese Kunden um einen Teil ihres Geldes entlasten."

In einem traditionellen Geschäftsmodell, bei dem Produkte gegen Geld verkauft werden, erfordert die angemessene Vermarktung eines Produkts die Erfüllung von drei Kriterien:

Der Kunde ist bereit, für das Produkt zu zahlen.

Die Kosten für die Kundenakquise sind geringer als der Betrag, den sie für das Produkt bezahlen.

Es gibt eine optimale Menge an Beweisen dafür, dass der Markt groß genug ist, um das Unternehmen zu unterstützen.

Jedes Unternehmen muss irgendwann Einnahmen generieren, daher müssen alle Unternehmen über ein angemessenes Produktmarketing verfügen. Wenn Sie nicht nachweisen können, dass Sie Kunden für weniger Geld gewinnen können, als Sie mit dem Verkauf Ihres Produkts verdienen, dann haben Sie ernsthafte Probleme.

Während die Definition von „angemessenem Produktmarketing" offensichtlich klingt und die Generierung von Einnahmen ein klarer Schritt ist, ist es eine schwierige Aufgabe, angemessenes Produktmarketing anhand der Marktwahrnehmung zu messen.

Sean Ellis schlägt vor, über diese Messungen nachzudenken: „Eine angemessene Vermarktung Ihres Produkts bedeutet, dass mindestens 40 % der Benutzer sagen, dass sie „sehr enttäuscht" wären, wenn sie Ihr Produkt nicht hätten. Man muss zwar sagen, dass dieser Schwellenwert ziemlich willkürlich ist, aber ich habe ihn ermittelt, nachdem ich die Ergebnisse von fast hundert Startups verglichen habe. Diejenigen, die ums Überleben kämpfen, liegen immer unter 40 %, während diejenigen, denen es gelingt, über 40 % liegen.

Natürlich besteht die Chance, ein erfolgreiches Geschäft aufzubauen, vorausgesetzt, dass weniger als die Hälfte Ihrer Kunden sehr enttäuscht sein wird, wenn ihnen Ihr Produkt vorenthalten wird. Ich bin mir sicher, dass Sie viele Produkte kaufen, auf die Sie leicht verzichten könnten. Umgekehrt werden nicht alle Unternehmen mit einem Wert über 40 % erfolgreich sein.

Dennoch gibt es Hinweise, warum der Wert von 40–50 % angemessen ist. Erstens: Wenn Sie Moores Ansicht über den Einführungslebenszyklus einer neuen Technologie teilen, dann sind Ihre Zielgruppe in dieser Phase die Early Adopters. Sie werden viel mehr an Ihrem Produkt interessiert sein als die Early Majority oder Late Majority.

Zweitens: Wenn Sie darauf warten, Ihr Unternehmen bis zu diesem Punkt zu skalieren (wie Ellis empfiehlt), sollten Sie sicherstellen, dass Sie die Kontrolle darüber haben, bevor Sie Geld für Maßnahmen zur Schaffung von Nachfrage (Skalierung) ausgeben. .

Der Wert von 40 % ist zwar ein guter Indikator dafür, dass Sie Ihr Produkt angemessen vermarkten, sagt aber nichts **darüber aus Marktgröße** . _ Ist es wichtig? Die Antwort hängt von Ihren Werten und der Finanzierung Ihrer Wünsche ab (auf die wir im nächsten Kapitel eingehen werden). Aber egal was passiert, der Ansatz zur Marktmessung sollte ziemlich einfach sein, da Sie viel über Ihr Marktsegment wissen, und wahrscheinlich auch über andere Segmente, auf die Sie letztendlich abzielen könnten, um den Markt zu vergrößern. Wie Sean Ellis sagt: „Verrückte Start-ups wenden sich auf der Suche nach einem größeren Markt von einem signifikanten wahrgenommenen Kundennutzen ab." Das heißt aber nicht, dass Sie nicht darüber nachdenken sollten, wohin

Sie ein bestimmtes Segment im Hinblick auf die Skalierung führen wird.

Wenn Sie schließlich das Glück haben, solch starke Symptome zu haben, bedeutet das nicht unbedingt, dass: Dies wird weiterhin passieren.

Der Markt ist groß genug, um die Art von Geschäft zu unterstützen, die Sie aufbauen möchten.

Mindestens angemessen
Produkt (MRP)

IN **Kurz gesagt:** Es handelt sich um ein Produkt mit der minimalen Anzahl an Funktionen, die zum Erreichen bestimmter Ziele erforderlich sind und für die Benutzer bereit sind, mit knappen Ressourcen zu zahlen. Ja, alle unsere Versuche, „nicht zu akademisch zu sein", sind mit dieser kurzen Definition gescheitert, aber lesen Sie weiter.

Die ursprüngliche Definition von Eric Rise lautet: „Das Minimum Viable Product ist die Version des Produkts, die es dem Team ermöglicht, die maximale Menge an validierten Kundeninformationen zu den niedrigsten Kosten zu sammeln." Diese Definition hat sich im Laufe der Zeit weiterentwickelt, aber im Wesentlichen hat sie sich nicht wesentlich von der Produktfeature-Set-Hypothese aus der Kundenfindungsphase in Steve Blanks „Vier Schritte" geändert: „Der letzte Teil Ihrer Kunden-/Problembeschreibung ist der, den das Team nicht erstellt." „Ich erwarte nicht, es zu sehen." Produktentwicklung. Sie müssen den kleinsten Funktionsumfang ermitteln, für den der Kunde in der ersten Version bezahlen wird."

Wir haben bewusst eine allgemeine Formulierung gewählt, um das Wort „Geld" als Teil der Definition zu vermeiden, da es möglich ist, Zwischen-MSPs zu identifizieren, die nicht nur etwas Wertvolles definieren („bestätigte Informationen"), sondern auch Risiken minimieren, indem sie das Geld ebnen Weg zur Eröffnung der richtigen Geschäftsmodelle. Bei der Einführung einiger Elemente von Angebot und Nachfrage ist es jedoch wichtig sicherzustellen, dass Sie etwas Wertvolles messen. Stellen Sie sich den MSP als ein Produkt vor, das, um genutzt zu werden, einen Austausch gegen eine knappe Ressource (Zeit, Geld, Aufmerksamkeit) erfordert, und zwar einen Austausch, bei dem die Transaktion zeigt, dass das Produkt nützlich oder sogar erfolgreich sein kann , lebensfähig. In den Nichtzahlungsphasen müssen Sie die Währung und Ihr Ziel bestimmen (was Sie herausfinden möchten).

Zu den Zwischen-MPIs könnten beispielsweise gehören: Landingpage-Aufrufe, die beweisen, dass das Produkt von besonderem Interesse ist; die Zeit, die Ihnen für ein persönliches Treffen gegeben wurde, um sich eine Demo anzuschauen, in der bestätigt wird, dass das Problem des Kunden gelöst wurde; Bereitstellung von Ressourcen für ein Pilotprogramm, um zu testen, ob ein Produkt für eine bestimmte Umgebung geeignet ist.

Trotz einer gewissen Diskrepanz zwischen diesen Vorstellungen und der Aussage, dass ein Unternehmen so schnell wie möglich Einnahmen erzielen sollte, entwickelt sich der MSP stufenweise weiter und durchläuft Phasen vom Produktkonzept bis zur angemessenen Vermarktung des Produkts. Wie Eric Rise sagt: „Aus diesem Grund besteht Lean Startup Entrepreneurship eigentlich aus einer Reihe von MSPs, von denen jeder darauf ausgelegt ist, eine bestimmte Frage (Hypothese) zu beantworten." Sowohl die „Landingpage und der „Kaufen"-Button" * als auch der funktionierende Prototyp der Ausrüstung können je nach Produkt, Markt und aktuellem Ziel des Product Owners als MSP betrachtet werden.

Reis. 3 zeigt ein Beispiel für die Entwicklung des MCP für ein neues

Verkleinerte 3D-Videokameras.

Bei allen drei Säulen handelt es sich um echte MSPs, die geschaffen wurden, um ein Unternehmen entlang der Customer Journey vom Konzept bis zum bezahlten Produkt zu begleiten. Der Gründer beschließt, die Marktfähigkeit mit einer Landingpage zu testen, die das Produktangebot, die Technologie, Funktionen und Vorteile beschreibt. Ziel ist es, Benutzer dazu zu bringen, auf einen speziellen „Call-to-Action"-Button zu klicken. Die Währung im Fall von MCP 1 ist „Aufmerksamkeit" oder „Zins".

PPC (kurz für Pay-Per-Click – Pay-per-Click) ist ein im Internet verwendetes Werbemodell, bei dem ein Werbetreibender Werbung auf Websites platziert und deren Eigentümer dafür bezahlt, dass der Benutzer auf ein gepostetes Banner oder den Text eines Banners klickt dokumentieren. Hinweisspur

MCP 2 umfasst eine Reihe technischer Spezifikationen, detaillierte Zeichnungen und möglicherweise die Möglichkeit, die zugrunde liegende Technologie zu demonstrieren. Je nach Zielgruppe besteht das Ziel des Gründers möglicherweise darin, Investitionen, Technologiepartner oder treue Beta-Kunden zu gewinnen. Bei der endgültigen Version des MCP handelt es sich um eine frühe Version des Produkts, nicht unbedingt in seiner endgültigen Form, sondern bereits tatsächlich von Kunden zur Lösung eines echten Problems eingesetzt. Die Währung zu diesem Zeitpunkt ist in den meisten Fällen zweifellos Geld.

Beachten Sie, dass sich „lebensfähig" in diesem Zusammenhang nicht auf eine oberflächliche Definition von Erfolg beschränkt, sondern vielmehr auf das Ziel des Unternehmers (Kundenskalierung, spezifische Merkmale, Bezahlung), gemessen an einer bestimmten „Währung" (Konsum, gelöstes Problem, Geld).

Lean Startup

IN **Kurz gesagt:** Es handelt sich um ein Startup, das schnelle, iterative Entwicklungsmethoden mit Kundenentwicklungsprinzipien kombiniert.

Ein Lean Startup (ein von Eric Ries erstelltes und registriertes Konzept) ist ein Startup, das flexible, iterative Entwicklungsmethoden (wie Agile) mit Steve Blanks „Customer Development"-Konzepten kombiniert. Eric schreibt, dass das Konzept der Lean Startups aus drei Trends entstanden ist:

Nutzung von Plattformen dank Open Source und freier Software;

Anwendung agiler Entwicklungsmethoden;

Schnelle kundenorientierte Iterationen, wie im Kundenentwicklungsprozess veranschaulicht.

Wir würden ein viertes Element hinzufügen – den Einsatz leistungsstarker, kostengünstiger und benutzerfreundlicher Analysen. Während einige Merkmale von Lean-Startups schon seit vielen Jahren praktiziert werden, ist das Zusammentreffen dieser Trends ein neues Phänomen und bietet das Potenzial für beispiellose „Iterationsraten" oder „Lernzyklen pro Dollar", wenn Unternehmen sich auf ein angemessenes Produktmarketing konzentrieren.

Rise zeigt, dass Kundenentwicklung und Produktentwicklung zwei separate, aber miteinander verbundene Prozesse sind. Wie Eric Rise [*] beschreibt, arbeitet die Kundenentwicklung daran, Aussagen darüber zu validieren, wer der Kunde ist, welches Problem er lösen möchte und wie die Lösung aussehen wird, während die Produktentwicklung tatsächlich die Lösung entwickelt.

Der Produktentwicklungsprozess erhält Informationen von Kunden indirekt, durch Kundenentwicklung und (wenn möglich) direkt durch Messung der Produktnutzung. Das Produkt wird kontinuierlich weiterentwickelt und neue Funktionen oder andere Variationen bestehender Funktionen werden dem Kunden schnellstmöglich zur Verfügung gestellt.

über den Einsatz von Funktionen, sowohl direkt, in Kundenentwicklungsprozessen als auch aus Analytics. Der Kundenentwicklungsprozess wird wiederholt, indem Kerngeschäftsaussagen, Produktfunktionalität getestet, neue Aussagen erfasst und überarbeitet werden, die zu angepassten Hypothesen, verfeinerten Botschaften, Positionierung, funktionalen Anforderungen sowie Marketing- und Vertriebstaktiken führen.

Im Kontext der Kundengewinnung ist ein Lean-Startup nicht unbedingt eines, das Lean-Prinzipien per se anwendet, sondern vielmehr eines, das schnelle, iterative Entwicklungspraktiken in Verbindung mit Kundenentwicklungstechniken nutzt, um:

Bestätigen Sie die Haupthypothesen (Kunde – Problem – Lösung (PPR)).

Entwickeln Sie ein minimal realisierbares Produkt.

Bestimmen Sie geeignetes Produktmarketing.

Entwickeln Sie Anleitungen für Entwicklung und Marketing zur Skalierung.

Um einen geeigneten Iterationszyklus zu erstellen, müssen Sie Erfolg und Misserfolg für jede Phase definieren und eine Möglichkeit schaffen, Ihren Fortschritt zu messen. In der Welt der Internettechnologie gibt es beispielsweise die [*] AARRR [**] Metrik von Dave McClure, mit der Testzyklen in verschiedenen Phasen der Produkt- und Kundenentwicklung gemessen werden können – vom Konzept bis zum entsprechenden Produktmarketing und darüber hinaus.

AARRR (Acquisition, Activation, Retention, Referral, Revenue (Englisch)) – Akquise, Aktivierung, Retention, Empfehlungen, Einkommen. Hinweisspur

Es ist wahrscheinlich erwähnenswert, welche Kriterien nicht erforderlich sind, damit ein Startup im Kontext der Lehren von Eric Rise als Lean gilt:

Selbstanpassung;

eine unanständige tägliche Menge Doshirak- Nudeln; unbezahlte Arbeit der Arbeitnehmer; System basierend auf Intel 80386; Trennwände im Büro; — Befehlszeilenschnittstelle; Bürostühle ohne Rollen.

Schlüsselmoment

IN **Im Kontext der Kundenentwicklung** bedeutet ein zentraler Punkt, dass Sie auf der Grundlage der gewonnenen Informationen ein oder mehrere Elemente Ihrer Kunden-Problemlösungs-Hypothesen oder Ihres Geschäftsmodells ändern. Wie Eric Ries schreibt: „Bei der Prüfung führt jede fehlgeschlagene Hypothese zu einem neuen Schlüsseldrehpunkt, bei dem wir nur ein Element des Geschäftsplans ändern (Kundensegment, Funktionsumfang, Positionierung), aber nicht alles aufgeben, was wir gelernt haben."

Der entscheidende Aspekt ist das Konzept des „schnellen Scheiterns". Je schneller Sie erkennen, dass Hypothese 2 falsch ist, desto schneller können Sie sie anpassen und erneut testen.

"Das Gebäude verlassen"

Dieser Satz ist eine Abkürzung für Steve Blanks Maxime, dass Sie die Behauptungen Ihres Unternehmens nicht als wahr betrachten sollten. Sprechen Sie (wenn möglich persönlich) mit echten Kunden, um die Realisierbarkeit Ihrer Vision festzustellen. Für viele Unternehmer ist das Gespräch mit einem Kunden eine schwierige Aufgabe. Sie werden nach Ausreden suchen, um diesem Schicksal zu entgehen, da es ihnen sehr unangenehm ist, mit Fremden zu telefonieren. Einer der Gründe für diese Zurückhaltung ist die Angst vor Ablehnung. Manche Unternehmer verhätscheln lieber ihren zum Scheitern verurteilten, wertvollen Besitz – die großartige Idee –, als schnell zu erkennen, dass es für ihr Produkt keinen Markt gibt. Eine der Herausforderungen beim Verlassen des Gebäudes besteht darin, herauszufinden, ob Sie eine realisierbare Geschäftsidee haben. Wenn nicht, müssen Sie es so schnell wie möglich ändern. Sie müssen bedenken: „Das Gebäude verlassen" bedeutet, Ihre tatsächlichen und potenziellen Kosten zu minimieren (was Sie möglicherweise tun möchten, um zu vermeiden, dass ein Produkt entsteht, das niemand haben möchte).

Bitte beachten Sie, dass Analysen, Recherchen und andere automatisierte, benutzerorientierte Screening-Tools sich ergänzen und nicht das „Verlassen des Gebäudes" ersetzen.

Gehäuse Viele Schlüsseldrehungen

Im Jahr 2005 war Zingy das größte mobile Medienunternehmen in Amerika. Es verkaufte Klingeltöne, Hintergrundbilder und Spiele an Mobilfunkbetreiber, Medienunternehmen und Endverbraucher. Das Unternehmen hatte seinen Sitz in New York, beschäftigte 130 Mitarbeiter und verdiente jährlich 200 Millionen US-Dollar an Content-Verkäufen.

Wir haben mit Fabric Grind, Gründer und CEO von Zingy von 2001 bis 2005, gesprochen, um mehr über seine wichtigsten Dreh- und Angelpunkte bei der Suche nach einer Chance zum Erfolg auf dem Markt zu erfahren.

Aussage 1: Wir müssen ein „Geschäft für den Kunden" aufbauen, das auf mobilen Zahlungen basiert

Zingy wird über mobile Zahlungen direkt an Endverbraucher in den USA verkaufen.

Der Plan wurde für Europa und Asien entwickelt, wo Content-Unternehmen Klingeltöne und ähnliche Mobiltelefonmedien direkt an Kunden verkauften, die per SMS oder Smartphone-Technologie bezahlten.

„Es stellte sich heraus, dass es unmöglich war, einen Mobilfunkanbieter dazu zu bringen, uns Zugang zum Content-Delivery-System oder zu Zahlungen zu gewähren. Sie hatten keine offenen Zahlungsnetzwerke; Sie glaubten nicht, dass es eine wirklich ernste Angelegenheit werden könnte."

Aussage 2: Es ist notwendig, ein „Geschäft für den Kunden" aufzubauen, das auf Direktzahlungen basiert

Zahlen. Das ist

1-900-Nummern sind kommerzielle gebührenpflichtige Nummern, für deren Anruf besondere Tarife anfallen (z. B. 10 $ pro Minute oder eine einmalige Gebühr von 50 $). Hinweisspur

Startup rund um den Kunden

Der Kunde kaufte einen Klingelton, der direkt auf das Telefon geliefert wurde. Dadurch war es möglich, den Mobilfunkbetreiber vollständig zu umgehen.

„Aber online zu bestellen und auf einen Klingelton zu warten, ist viel umständlicher, als einfach nur eine Taste direkt auf dem Telefon zu drücken oder eine SMS zu senden. Unser Produkt funktionierte großartig, aber die inhärente Komplexität der von uns eingeführten Zahlungen reduzierte das potenzielle Volumen um 99,9 % unseres Plans."

Aussage 3: Wir müssen „Geschäft für Geschäft für den Kunden" aufbauen

Da Kunden nicht direkt mit Kreditkarte bezahlen konnten und Mobilfunkanbieter ihre Zahlungssysteme nicht öffnen wollten, beschloss Zingy, Inhalte direkt dem Mobilfunkanbieter bereitzustellen. Was als relativ einfacher Prozess des Direktverkaufs an Endverbraucher begann , hat sich zu Business-to-Business-Verkäufen entwickelt, die die Schaffung eines komplexen Ökosystems mit großen, bürokratischen Unternehmen erfordern, die für ihre langen Verkaufszyklen bekannt sind.

„Es war unglaublich schwierig herauszufinden, mit wem wir reden sollten, und noch schwieriger war es, herauszufinden, was nötig wäre, um den Deal abzuschließen, selbst wenn wir bereits jemanden gefunden hätten, mit dem wir reden könnten. Es ist bekannt, dass diese Unternehmen risikoscheu sind und darauf warten, dass andere den ersten Schritt machen."

Glücklicher Zufall

Die Mobilfunkbetreiber hätten sich nicht bewegt, aber Zingy sorgte für seine Präsenz bei allen notwendigen Veranstaltungen, arrangierte zusätzliche Treffen mit Mobilfunkbetreibern und „schließlich rief uns aus heiterem Himmel einer der Mobiltelefonhersteller an."

Zingy stellte eine Auswahl von Inhalten von einem der Mobilfunkunternehmen zur Verfügung, die zur Nextel Corporation gehören . Das Unternehmen öffnete immer noch keine Zahlungen, verfügte jedoch über eine Funktion zum Speichern von Kreditkarteninformationen direkt auf dem Telefon. Nur wenige Kunden waren dazu bereit. Aber wer viele Klingeltöne kaufte, lieferte den nötigen Beweis für die Nachfrage der Verbraucher.

Obwohl diese Tatsache dem Nextel-Management die Augen öffnete, war Zingy zur Skalierung des Dienstes gezwungen, alle Codes zu entwickeln, um in mehrere einzudringen

Konzeptdefinitionen 65

Nextel-Zahlungssysteme. Zu diesem Zeitpunkt erkannte Sprint [*] die Welle und beschloss, auch eine Probe des Inhalts zu haben. Also lizenzierte Zingy die Inhalte, die es besaß, ohne technische Implementierung und wartete auf Verkaufsfeedback.

„Dabei ging uns das Geld aus: Wir hatten für nichts mehr Geld. Wir haben vier oder fünf Monate lang Zahlungen verpasst. Das Unternehmen ging praktisch gerade zu dem Zeitpunkt unter, als wir die Plattform für Nextel bauten. Und dann geschah ein Wunder: Der erste Scheck von Sprint kam."

Zingy wiederholte bald den Erfolg von Sprint, indem es Serviceseiten für AT&T und Virgin Mobile entwickelte. Der Umsatz von Zing stieg von einer Million im Jahr 2002 auf zweihundert Millionen Dollar im Jahr 2005.

„Interessant ist der Ansatz, der am Ende erfolgreich war: unglaublich flexibel und bereit für Iterationen sein."

Sprint Nextel Corporation ist eines der größten Telekommunikationsunternehmen der Welt. Der Hauptsitz des Unternehmens befindet sich in Overland Park, Kansas, USA. Anmerkung Ed.

Kennen Sie Ihr Unternehmen

Zur Tafel

Ö Natürlich hat jedes Unternehmen seine eigenen Kundenentwicklungsprozesse. Während es bei einfachen Geschäftsmodellen nicht schwierig ist, die Kernprinzipien der Kundenentwicklung zu verstehen und anzuwenden, können Unternehmer mit einem komplexen Geschäftsmodell innerhalb eines komplexen Ökosystems Probleme haben, zu verstehen, wie, was und wann getestet werden soll. Das Geschäftsökosystem – die Beziehungen zwischen einem Unternehmen, seinen Partnern, Kunden und anderen Akteuren – schafft komplexe gegenseitige Abhängigkeiten, die wiederum Geschäftsrisiken mit sich bringen und somit die Priorität von Geschäftsvorschlägen beeinflussen, die Sie prüfen und genehmigen müssen.

Der Tod des Geschäftsplans als Methode zur Investorengewinnung ist eine begrüßenswerte Entwicklung. Aber niemand hat die Notwendigkeit aufgehoben, Ihre Geschäftsprozesse zu durchdenken, was erleichtert wird – was für eine Ironie! - Schreiben eines Geschäftsplans. Business Model Creation von Alexander Osterwalder * bietet einen umfassenden Prozess zur Entwicklung Ihres Geschäftsmodells, und Steve Blank, zusammen mit Anne Miura- Ko ** von Floodgate hat eine eigene hilfreiche Geschäftsmodellvorlage entwickelt *** .

Warum muss man von Unternehmern Übungen aus einem Buch zur Kundenentwicklung machen oder einen Businessplan schreiben und bestimmte Prozesse durchlaufen, um unter allen möglichen Geschäftsmodellen das einzig richtige herauszuarbeiten? Weil sie Angst vor dem Risiko haben, das es ihnen tatsächlich nicht erlaubt, „es einfach zu tun".

Für die überwiegende Mehrheit der Unternehmer, die keine Förderung erhalten, ist es vielleicht die beste Zeitnutzung, ihre Produkte weiter zu produzieren und bekannte Prozesse zu wiederholen. Andererseits ist es keine schlechte Idee, Ihr Unternehmen zu durchdenken, Ihre Hypothesen zu dokumentieren und einen Plan zur Risikominderung zu erstellen! Tatsächlich wird Ihnen dies dabei helfen, schnell zu den unvermeidlichen, wenn auch erfolgreichen, entscheidenden Wendungen zu gelangen und diese umzusetzen.

Wir glauben, dass die Erstellung eines Plans zur Anwendung der Kundenentwicklung auf Ihr Geschäftsmodell eine Übung ist, die am „Brett", also in einer allgemeinen Diskussion, durchgeführt werden sollte. Der Zweck dieser Übung besteht nicht darin, Sie zu zwingen, eine Million „Fakten" aufzuschreiben, sondern vielmehr darin, Ihnen dabei zu helfen, die kritischen Punkte in Ihrem Geschäftsmodell zu finden. Wir möchten Ihnen dabei helfen, Ihr Ökosystem zu definieren, Risiken zu erkennen und die erforderlichen Geschäftsschritte zu priorisieren, um zu verstehen und zu validieren, was Ihr Kerngeschäft ist. Das Endergebnis wird das vorgeschlagene (endgültige) MCP mit Zwischenmodellen sein, die Sie zunächst testen müssen.

Wie erstellt man diesen Plan?

Zeichnen Sie zunächst eine Karte Ihres Ökosystems. Hier müssen Sie mehrere Parameter definieren.

Beteiligte Personen. Zeichnen Sie ein Quadrat oder einen Kreis, um jedes Gesicht in Ihrem Ökosystem darzustellen. Zu den Personen gehören Benutzer, Kunden, Vertriebspartner, technische Partner, strategische Partner, Werbetreibende, Kunden Ihrer Kunden usw. Beziehen Sie in das Diagramm alle Personen ein, die Ihnen entweder einen Mehrwert bieten oder einen Nutzen aus Ihrem Produkt ziehen. Der Wert kann in Geld oder in der Nutzung des Produkts ausgedrückt werden.

Produktwert. Es kann direkt (das ist, was der Käufer durch die Nutzung des Produkts erhält) oder indirekt (das Geld aus dem Produkt, das der Werbetreibende letztendlich erhält) sein.

Währungsfluss. Zeichnen Sie mit Linien oder auf andere Weise, wie sich die Währung Ihrer Meinung nach bewegt. Wer bezahlt wen?

Produktverteilung. Beschreiben Sie, wie das Produkt Ihrer Meinung nach über Vertriebskanäle vertrieben wird und den Endverbraucher erreicht.

Fragen, die Sie bei der Erstellung Ihrer Karte berücksichtigen sollten.

Sind Sie auf die Technologie Dritter angewiesen, die eine formelle Partnerschaft erfordert?

Sind Sie auf Vertriebspartner angewiesen, die Ihnen dabei helfen, das Produkt zum Endverbraucher zu bringen?

Wenn Sie sich für ein kostenloses Geschäftsmodell entscheiden und die Anzahl der Nutzer erhöhen möchten, von wem wollen Sie am Ende Geld erhalten?

Sind Sie Partner des Herstellerunternehmens?

Beabsichtigen Sie, Informationen oder Leads an Dritte zu verkaufen?

Bringt Ihr Produkt den Kunden Ihrer Kunden Vorteile?

Zweitens: Beschreiben Sie das Wertversprechen für jeden Spieler.

Eine Person (oder ein Unternehmen) ist nur dann Mitglied des Ökosystems, wenn sie von der Teilnahme profitiert. Beschreiben Sie, wie jedes Mitglied des Ökosystems von der Teilnahme profitiert und was es im Gegenzug zu bieten bereit ist. Diese Wertversprechensaussagen werden in Ihre zentralen CPR-Hypothesen (Customer-Problem-Solution) übersetzt, die Sie während der Kundenfindungsphase testen. An dieser Stelle müssen Sie jedoch nur kurz den Wert beschreiben, den Sie von ihnen erwarten. **Beispiele:**

Benutzer erhalten Unterhaltung;

Werbetreibende werden die Aufmerksamkeit von Tausenden von Nutzern erhalten;

Die Kunden der Kunden erhalten Informationen über vielversprechende Käufer;

Vertriebshändler haben die Möglichkeit, zusätzlich zum Produkt auch Dienstleistungen zu verkaufen;

Der Kunde hat die Möglichkeit, Geld zu sparen, Risiken zu mindern oder Marktanteile zu erhöhen.

Drittens genehmigen Sie das endgültige MCP.

Wie bereits erwähnt, ist ein MSP „ein Produkt mit der Mindestanzahl an Funktionen, die zur Erreichung eines bestimmten Ziels erforderlich sind und für das Benutzer bereit sind, in irgendeiner Form mit knappen Ressourcen zu zahlen." Diese Definition bleibt etwas unklar, da wir zwischen dem „endgültigen" MCP und einem oder mehreren Zwischen-MCPs unterscheiden müssen. Die letzten MSPs scheinen das Geschäftsmodell zu testen. Und Zwischen-MSPs prüfen die Komponenten des Geschäftsmodells, die ein hohes Risiko bergen.

Um Aussagen über Ihren endgültigen MSP zu treffen, überlegen Sie, welche 2 Sie jedem Netzwerkteilnehmer zur Verfügung stellen müssen, um die oben identifizierten Werte zu liefern. Was sind die zentralen Produkteigenschaften, die jeder Benutzer benötigt, damit das Ökosystem funktioniert? Womit bezahlt jeder Teilnehmer: Geld, Aufmerksamkeit, Ressourcen oder eine andere Währung? Eine Beschreibung, wie Ihr endgültiger MCP aussieht, bildet den Endpunkt im Kundensuchprozess.

Viertens: Wie groß ist das Risiko?

Sie schaffen die Voraussetzungen für die Umsetzung der Kundenentwicklung, um Ihre Auswahlfaktoren zu priorisieren und zu testen. Wenn Sie Ihre Kernannahmen beweisen, beweisen Sie die kritischen Aspekte Ihres Geschäftsmodells. Möglicherweise stoßen Sie auf unerwartete Hindernisse und entdecken Schwachstellen. Dann haben Sie eine Chance auf Erfolg, wenn Sie diese Probleme frühzeitig erkennen.

Denken Sie an unmittelbare kritische Risiken. Stellt Ihre Technologie ein erhebliches Risiko dar? Mit anderen Worten: Können Sie das anbieten, was der Markt Ihrer Meinung nach braucht? Wenn Ihre Technologie komplex oder teuer in der Herstellung ist, welche markttestbaren Teile davon können Sie erstellen, die Sie beweisen und davon überzeugen, dass Sie entweder eine entscheidende Wende vollziehen oder weitermachen müssen? Konzeptioneller Beweiß? Prototyp? Demo?

Wenn Ihr Risiko in erster Linie mit dem Marketing zusammenhängt, was ist der Mindestumfang an Funktionen, der zu zahlenden Benutzern führt? Oder welcher Mindestumfang an Funktionen führt zu einer Mindestanzahl von X Benutzern?

Monetäre und zeitliche Risiken können Entscheidungen 2 über Interim-MSPs beeinflussen. Wenn die Entwicklung Ihres MSP X Millionen Dollar kostet und Sie nur das 1000-fache dieses Betrags haben, dann könnte ein vorläufiger MSP die Antwort auf die Frage sein: „Was muss ich nachweisen, um zusätzliche Mittel zu erhalten?"

Denken Sie über Abhängigkeiten nach. Wenn Ihr endgültiges MCP das Auftreten von X erfordert, können Sie dann ein Zwischen-MCP um X herum aufbauen? Wovon hängt X ab?
Finden Sie nach Möglichkeit die Wurzeln dieser Abhängigkeiten.

Fünftens: Erstellen Sie Ihren Wertepfad .

Ihre Wertreise ist die Kundenreise, die Sie von Ihrem aktuellen Standort zu Ihrem vorgeschlagenen endgültigen Wertversprechen führt und sowohl Zwischenwertpunkte als auch die zugrunde liegenden Annahmen umfasst, die Sie testen müssen. Wählen Sie aus der von Ihnen erstellten Risikotabelle eine Reihe wichtiger Aussagen aus, die Sie für jeden identifizierten Auswahlfaktor testen müssen. Für jeden vorläufigen MSP verfügen Sie wahrscheinlich über eine Reihe von Annahmen, die zusätzlich zu der Version des Produkts, die während der Verwendung erstellt und überprüft wird, durch direkte Interaktion mit dem Kunden getestet werden müssen.

Reis. 5. Wertpfadmuster

Fall

Gründung eines neuen Unternehmens basierend auf den Prinzipien der Kundenentwicklung

Es ist schwierig, ein Beispiel für diese Übung zu nennen. Um zu verstehen, wie die Prinzipien der Kundenentwicklung auf ein bestimmtes Unternehmen angewendet werden können, müssen Sie das Unternehmen selbst im Detail verstehen. Die Entscheidung, Ihr Unternehmen unter die Lupe zu nehmen, um alle Details zu verstehen, verlagert Ihren Fokus weg von den Prozessen selbst und hin zur Kritik am Unternehmen. Um dies zu vermeiden, haben wir uns ein imaginäres Geschäft ausgedacht.

Super Energy Peanut Butter (SAM) ist ein gesunder, energiespendender Brotaufstrich für Teenager und junge Erwachsene. CAM wird aus Bio-Erdnüssen mit einer Prise Meersalz hergestellt und ist vollgepackt mit Vitaminen, Koffein und Taurin , um den Verbrauchern den nötigen Energieschub zu geben und ihre Denkfähigkeit zu verbessern. CAM wird aus einem proprietären, kalorienreichen Zutatencocktail hergestellt, der von einem ungarischen Erdnussbauern im Neopaläolithikum erfunden wurde . Der Landwirt hat zugestimmt, zwei australischen Vegemite * -Unternehmern, die in einem Volkswagen-Bus auf einem Campingplatz am San Elijo State Beach in Encinitas, Kalifornien, leben , eine exklusive Kurzzeitlizenz zu gewähren .

Vegemite – aus dem Englischen. Vegemite ist eine dicke, dunkelbraune Paste aus Hefeextrakt und das Nationalgericht Australiens. Wird hauptsächlich als Brotaufstrich, Cracker und als Füllung für typische australische Brötchen verwendet. Hinweisspur

Ökosystem

Die Gründer von CAM möchten ihre Erdnussbutter an amerikanische Mütter verkaufen, die auf der Suche nach leckeren, gesunden und energiereichen Lebensmitteln für ihre jugendlichen Söhne und Töchter sind. Sie planen, Erdnussbutter sowohl über eine Website als auch über kommerzielle Lebensmittelhändler direkt an Endverbraucher zu verkaufen. Aufgrund seiner energiereichen Bestandteile wird CAM vor allem über Gesundheits- und Fitnessgeschäfte wie GNC * verkauft . Diese

Geschäfte verkaufen derzeit keine Erdnussbutter. Der Lizenzgeber für Inhaltsstoffe erklärte sich bereit, CAM eine exklusive kurzfristige Lizenz zu gewähren, damit das Unternehmen die Umsatzverteilung untersuchen und das Geschäftsmodell testen konnte, bevor es einen langfristigen Vertrag unterzeichnete.

General Nutrition Centers (GNC) ist ein amerikanisches Handelsunternehmen mit Sitz in Pittsburgh, Pennsylvania. Beschäftigt sich mit dem Einzelhandelsverkauf von Gesundheits- und Ernährungsprodukten, einschließlich Vitaminen, Mineralien, Kräutern, Sporternährung, Diät- und Energieprodukten. Hinweisspur

Geschäftsbücher für Dummies, neueste Ausgabe

Werterklärung

Offensichtlich werden sich der Lizenzgeber und Reformhäuser nur dann an diesem Ökosystem beteiligen, wenn sie Geld verdienen. Darüber hinaus berücksichtigen Reformhäuser die erhöhte Kundenzufriedenheit durch die Wiederkehr der Kunden und die Möglichkeit, ihren Kundenstamm durch das Angebot eines interessanten neuen Produkts zu erweitern. Unabhängig von der Vertriebsart verlangen die Kunden hohe Qualität und guten Geschmack, doch das unumstößliche Kaufargument (so denken wir!) ist der Energieaufwand.

Reis. 7. Geschäftsmodell, das eine Wertaussage beinhaltet

Geld Genehmigung des MCP

Das fertige MSP sollte allen Akteuren im Ökosystem einen Mehrwert bieten. Da der Lizenzgeber und der stationäre Handel nur einen Wert aus dem fertigen Produkt ziehen, wird argumentiert, dass beide eines benötigen: das fertige Produkt. (Zuerst ist kein spezielles Etikett oder Verpackungsdesign erforderlich, sondern nur eine „praktische Mindestverpackung".) Erdnussbutterhersteller stellten die Hypothese auf, dass die Mindestmerkmale, die für den Verkauf von CAM erforderlich sind, guter Geschmack und leicht erkennbare, qualitativ hochwertige, energiesteigernde Zutaten wie z Koffein und Turbine.

Reis. 8. Grundlegendes Geschäftsmodell einschließlich des vorgeschlagenen MSP

Geschäftsbücher für Dummies, neueste Ausgabe

Risiken

Reis. 9. Haupt-MCP mit Risikotabelle

Geld

Weg der Werte

Natürlich muss zunächst geprüft werden, ob eine Nachfrage nach energiereicher Erdnussbutter besteht. Ohne einen Cent für das eigentliche Produkt auszugeben, können CAM-Entwickler potenzielle Kunden aus verschiedenen Zielmärkten befragen, eine Zielseite erstellen, versuchen, den Traffic zu steigern * und das Interesse zu messen.

Wenn alles gut geht, besteht der nächste wichtige Schritt darin, sicherzustellen, dass die Erdnussbutter gut schmeckt. Aber selbst dann soll das fertige Produkt noch nicht in Produktion gehen: Zunächst müssen kostenlose Muster für Reformhäuser hergestellt werden.

Reis. 10. Weg der Geschäftsmodellwerte

Traffic — im Slang von Webmastern und Suchmaschinenoptimierern: die Anzahl der Besucher, die über einen bestimmten Zeitraum (meist pro Tag) auf die Seite kamen. Hinweisspur

Kenn dich selbst

YSie haben sich die Zeit genommen, Ihr Unternehmen kennenzulernen. Sie müssen Zeit finden, sich selbst kennenzulernen. Ihre persönlichen Werte spiegeln sich in Ihrem Unternehmen und in der Art und Weise wider, wie Sie Ihren Akquiseprozess verwalten. Teilt Ihr Marktsegment Ihre Leidenschaften? Spiegelt sich Ihre Weltanschauung in Ihrem Geschäftsmodell wider? Haben Sie eine klare Meinung zum Thema Fremdfinanzierung? Einer der Vorteile der Anwendung von Klientenentwicklungsprinzipien besteht darin, dass sie Ihnen Selbstreflexion beibringen und Ihnen beibringen, Ihre Überzeugungen zu hinterfragen und zu analysieren.

Sie ermutigen Sie, ehrlich zu sich selbst zu sein. Um ein erfolgreiches Unternehmen aufzubauen, ist es wichtig, dass Sie eine Vorstellung davon haben, wie Ihr Unternehmen in zwei, drei oder fünf Jahren aussehen soll. Die Vision sollte auf Fakten (sofern vorhanden), Vermutungen (sofern keine Fakten vorhanden sind) und einer ehrlichen Einschätzung der Werte Ihres Unternehmens basieren.

Hier sind einige Beispiele, über die Sie nachdenken sollten. Möglicherweise sind Sie völlig gegen eine Risikokapitalfinanzierung. Natürlich ist das Ihr Recht, aber Sie müssen die Konsequenzen einer solchen

Position verstehen. Hat eine solche Entscheidung Auswirkungen darauf, wie groß Ihr Unternehmen werden kann, und ist das für Sie von Bedeutung? Wird sich dies darauf auswirken, wie Sie im Vergleich zu Ihren Mitbewerbern abschneiden, indem Sie die Attraktivität Ihres Marktes unter Beweis stellen? Träumen Sie immer noch davon, ein großes, berühmtes Unternehmen aufzubauen? Der Verzicht auf Risikokapital kann mit solchen Zielen kollidieren.

Vielleicht bedienen Sie immer noch treu das städtische Non-Profit-Segment des Marktes, auch wenn Ihre Recherche zur Neukundengewinnung zeigt, dass es ein viel profitableres Segment gibt. Ihre Vision sollte diesen Wert widerspiegeln und Ihren Wertepfad beeinflussen. Wenn Sie eine Kapitalerhöhung benötigen, beeinflusst Ihre Vision2, wie Ihr Unternehmen in fünf Jahren sein wird, die Art der Investition, die Sie anstreben sollten. Hoffen Sie auf ein einfaches Online-Geschäft, das Ihnen ein stabiles Einkommen bringt? Hoffen Sie, ein skalierbares Unternehmen aufzubauen, das beispielsweise einen Jahresumsatz von mindestens 100 Millionen US-Dollar erwirtschaften kann? Wir verurteilen in keiner Weise diese Art von Unternehmen, aber die Maßnahmen, die Sie ergreifen, spiegeln Ihre Werte wider und Sie müssen realistisch in Ihren Wünschen sein und eine angemessene Strategie formulieren, während Sie gleichzeitig flexibel gegenüber den Bedingungen bleiben, die der Markt diktiert.

Fallbeispiel : Kultur der Kundenorientierung

Drive Cam nutzt Videotechnologie, Expertenanalysen und Fahrkurse, um die Fahrfähigkeiten der Menschen zu verbessern und so Leben zu retten und Schadenskosten zu senken. Wir sprachen mit Bruce Moeller, CEO von Drive Cam von 2004 bis 2008, als das Unternehmen wuchs und einen Jahresumsatz von 50 Millionen US-Dollar erwirtschaftete, um zu erfahren, wie er die Unternehmenskultur auf der Grundlage von Kundenfeedback aufgebaut hat.

Wir haben darüber gesprochen, dass ein Unternehmer in der Lage sein muss, das Feedback seiner Kunden in seine Arbeit einzubeziehen, aber gleichzeitig seiner eigenen Vision treu zu bleiben. Sie haben den Ruf, immer zuzuhören, was Ihre Kunden sagen ...

Sogar zu viel (lacht). Bei Drive Cam haben wir basierend auf eingehenden Nachrichten ständig Änderungen an den Prozessen vorgenommen. Ich war dafür bekannt, dass ich jeden Tag meinen Geschäftsplan änderte. Aber im Ernst: Wenn einige der Informationen, die wir von einem Interessenten erhielten, im Widerspruch zu dem standen, was wir glaubten, dann gingen wir sofort in die Details und stellten die Frage: „Was hat ihn dazu gebracht, so zu denken?"

„Ich glaube, man muss verfolgen, wohin der Markt gehen will." In unserem Fall bestand die Vision des ursprünglichen Erfinders Gary Radnor darin, eine Videokamera mit der Linse nach außen an einem Fahrzeug zu montieren. Wenn die Kamera im Inneren des Autos gedreht wurde, stellt dies einen Eingriff in die Privatsphäre dar, und wir befürchteten, dass Menschen, wenn plötzlich etwas passiert, keine Beweise vorlegen wollen würden – Aufzeichnungen von Ereignissen, um ihre Version des Geschehens zu erzählen. Doch die Realität sah anders aus: Wir haben herausgefunden, dass Menschen solche Geräte erst dann kaufen, wenn ihnen etwas passiert, weil niemand glaubt, dass ihnen etwas Schlimmes passieren kann.

Also dachten wir: Was wäre, wenn wir die Kamera auf das Cockpit richten würden? Vielleicht können wir durch die Aufzeichnung des Fahrerverhaltens schlechte Fahrgewohnheiten ändern und die Zahl der Unfälle reduzieren? Einige Unternehmen investieren Millionen von Dollar in ihre Flotte. Was ist mit Taxis? Doch der Vorstand war kategorisch dagegen.

„Sie ließen sich von ihren eigenen Überzeugungen über die Lebensfähigkeit des Marktes leiten ...

Ja, Taxifahrer fahren wie verrückt; Sicherheit ist ihnen egal; Sie haben kein Geld und so weiter. Es stellt sich heraus, dass der Job als Taxifahrer ein unglaublich gefährlicher Job ist. Es besteht ein großes Risiko, ausgeraubt oder getötet zu werden. Und heute werden Sie in Vegas kein Taxi mehr finden, das nicht über eine Drive Cam verfügt.

Und beweist eine Episode wie diese nicht, dass Ihr Ansatz richtig ist? Andere teilen Ihre Meinung nicht?

Nein, nicht wirklich (lacht). Wir hatten in unserem Unternehmen viele unglaublich scharfsinnige Köpfe mit einer wissenschaftlichen Herangehensweise an das Thema. Andere genossen Gespräche mit Klienten und verließen sich auf ihre Intuition und ihr Verständnis für die Gefühle des Klienten. Aber intuitive Menschen diskutierten konstruktiv mit akademisch denkenden Menschen. Wir haben die Ergebnisse am Markt getestet. Manchmal lagen sie falsch, manchmal lagen wir falsch.

Hat sich das darauf ausgewirkt, wen Sie für das Unternehmen attraktiv gemacht haben? „Wir haben viele Leute eingestellt und entlassen, weil nicht jeder mit der Dynamik eines Startups umgehen kann. Eines Tages, als ich unterwegs war, dämmerte es mir und ich kam zurück und teilte den Mitarbeitern mit, dass es Änderungen am Geschäftsplan geben würde . Einer meiner Stellvertreter sah mich überrascht an und sagte: „Aber, Bruce, das (der alte Weg. Ungefähr per .) ist das Modell, an dem wir festhalten müssen. Sie selbst haben gesagt, dass wir so unser Ziel erreichen werden." Ich sagte: „Ich habe mich geirrt. Ich sagte, wir müssten nach links gehen, aber jetzt müssen wir nach rechts gehen."

Kann man das lernen? Kann man das lehren?

Manche Menschen wenden sich automatisch gegen den Skeptiker, andere nicht. Manche Menschen kommen mit Veränderungen zurecht, andere tun sich schwer damit. Meine Philosophie ist folgende: Man weiß nicht, was man nicht weiß, und ob man im Moment Recht hatte und ob seine Vermutungen überhaupt richtig waren, ist alles eine Frage des Glücks. Sie müssen Ihre Überzeugungen ständig in Frage stellen. Mein Hauptprinzip besteht darin, ständig an dir zu zweifeln und dir selbst Fragen zu stellen, denn die Welt verändert sich ständig.

8 Schritte, um einen zu finden Klient

Goal: **Sie können** Ihre Hypothesen erst testen, wenn Sie sie erstellt haben. Schreiben Sie auf, was Ihrer Meinung nach an Ihrer Geschäftsidee wahr ist und warum sie erfolgreich ist. Es ist wichtig, Ihre Ideen zu dokumentieren, indem Sie sie auf Papier oder in einem elektronischen Dokument niederschreiben. Wenn Sie Hypothesen im Kopf behalten, können Sie sie verfeinern, indem Sie sie unbewusst an die Situation anpassen. Ihr Ziel ist es zu lernen, und wenn Sie Ihre Hypothesen nicht aufschreiben, verringern Sie Ihre Fähigkeit dazu. Durch das Führen von Aufzeichnungen können Sie Erfolge und Misserfolge objektiv messen, bestimmte Fehler notieren, damit Sie sie in Zukunft nicht wiederholen, und den Überblick behalten, wo Sie sich im Prozess befinden.

Basierend auf der Liste der vorgeschlagenen Werte, die Sie im vorherigen Kapitel erstellt haben, können Sie nun Ihre Kern-CPP-Hypothesen (Customer-Problem-Solution) für jeden Stakeholder in Ihrem Geschäftsmodell definieren.

Beispiel. Bezahlte aktive Benutzer

Käufer. Ich glaube, dass meine besten Kunden Vermarkter sind. Problem. Sie haben keine Ahnung, ob eine bestimmte Kampagne einen Return on Investment (ROI) [*] bringt .

ROI – englische Abkürzung für Return of Investment – die Rendite einer Investition. Hinweisspur

Geschäftsbücher für Dummies, neueste Ausgabe

Lösung. Analysen, die das Marketing klar aufzeigen. Kannst du das verbessern? Sind alle Vermarkter Ihre besten Kunden? Berechnen Marketer den ROI? Sind sie sich des Problems bewusst, stellt es für sie ein Problem dar? Wie versuchen sie das Problem bisher zu lösen, einschließlich möglicher nichttechnischer Problemumgehungen? Wie versuchen andere Vermarkter, dieses Problem zu lösen?

Ziel ist es nicht, Antworten zu finden, sondern Hypothesen zu formulieren, die überprüft werden können. Neu formulierte Hypothesen könnten etwa so aussehen.

Klient. Ich glaube, dass meine besten Kunden Vermarkter in kleinen und mittleren Unternehmen sind.

Problem. Sie können den ROI eines Unternehmens nicht einfach messen, da bestehende Lösungen zu teuer und schwierig zu bedienen sind und unglaublich viele Diagramme anzeigen, die nicht praktikabel sind.

Lösung. Kostengünstige, benutzerfreundliche Analysesysteme, die für technisch nicht versierte Vermarkter entwickelt wurden, die umsetzbare Kennzahlen wünschen.

Extrabonus. Diese drei Komponenten dienen auch zur Erstellung Ihrer Kurzpräsentation!

Es gibt viele Fragen, die Sie sich stellen können, um Ihre K-P-R-Aussagen besser zu verstehen. Wie lösen Menschen dieses Problem heute? Nutzen sie die Dienste Ihrer Konkurrenten? Wenn ja, warum sind die Konkurrenten nicht gut genug? Nutzen die Leute Problemumgehungen wie Tabellenkalkulationen? Oder Offline-Methoden – Stift und Papier? Wie sieht das Leben Ihrer Kunden nach der Nutzung Ihres Produkts im Vergleich zu dem Leben ohne Ihr Produkt aus? Was wird es sie kosten, „es auf die alte Art zu machen"? Wie lässt sich das in Bezug auf Zeit, Geld oder irgendeine Form von Risiko umsetzen?

Beispiel. Lösung

Aktuelle Lösung. Heutzutage müssen sich Nutzer zwischen dem kostenlosen Google Analytics-Programm und sehr teuren Produkten wie Omniture entscheiden . Beide Programme erfordern das Eingreifen eines IT-Spezialisten und beide basieren auf der Darstellung des sogenannten „Vanity Score", das heißt, sie berücksichtigen die Anzahl der Besuche auf der Website bzw. die Anzahl der einzelnen Besucher. Ein komplexeres (aber auch relevanteres) Indikatorensystem erfordert eine komplexere Site-Codierung.

Unsere Entscheidung. Unser SaaS- Service repliziert alle Aktivitäten auf der Website des Kunden und erfordert daher keinerlei IT-Eingriffe. Dank unserer innovativen Grafiken und Metrikbeobachtungen erhalten Sie eine praktische und konvertierungsbasierte Scorecard. Bei komplexeren Verkaufstrichtern stellt unser Programm technisch nicht versierten Benutzern automatisch Hinweise über den gesamten Konfigurationspfad des Trichters zur Verfügung.

Unsere Vorteile. Nullkonfiguration (d. h. die einfachste Einrichtung) spart Zeit und Geld; Lindert IT-Probleme. Unsere praktische Scorecard steigert Ihren Marketing-ROI.

Zu vermeidende Fallstricke

Seien Sie nicht faul

Sie erstellen KEINE Investitionen oder Marketingmaterialien. Es ist unbedingt erforderlich, dass Sie bei der Beantwortung dieser Fragen Disziplin wahren, sonst gibt es „Müll rein, Müll raus" * . Es kommt auch häufig vor, dass einem völlig gleichgültigen Käufer eine bedingungslos bessere Lösung angeboten wird. Sie müssen bedenken, dass der Mensch ein äußerst irrationales Wesen ist. Es spielt also keine Rolle, ob Sie Recht haben

„Garbage in, Garbage out" ist ein Programmierprinzip, das besagt, dass eine falsche Eingabe nicht zu einer korrekten Ausgabe führen kann. Hinweisspur

Geschäftsbücher für Dummies, neueste Ausgabe

Oder auch nicht, Sie müssen das Problem, das Sie lösen, aus der Sicht des Kunden verstehen und beschreiben. Beschreiben Sie bei der Diskussion darüber, wie sie das Problem jetzt angehen, spezifische Mängel der bestehenden Methode. Wie viel kosten diese Mängel die Kunden in Bezug auf Zeit, Geld, Marktanteil, Risiko oder Kundenzufriedenheit? Ihre Lösung sollte darauf abzielen, einen oder mehrere dieser Mängel zu beseitigen. Wie macht Ihre Lösung das? Sei genau. Welches Feature (Feature) Ihrer Lösung löst welches Problem?

Betrachten Sie Vermutungen nicht als Fakten

Sie wissen wahrscheinlich etwas, das Sie nicht wissen. Sicher wissen Sie, dass Sie diese Dinge überprüfen müssen. Sie müssen aber auch überprüfen, worüber Sie sich sicher sind. Die Fakten, die Sie gerne mitteilen, wenn Sie über Ihr Unternehmen sprechen, sind wahrscheinlich die wichtigsten Aussagen, die Sie machen, aber auch die, die am schwersten zu beachten, also zu dokumentieren und zu überprüfen sind.

Übung. Analysieren Sie Ihre Hypothesen über K-P-R

Datum der Hypothesenaufnahme:

Zeichnen Sie Ihre Wertschöpfungskette:

Wer hat ein Problem?

Welche Vorteile hat ein Benutzer durch die Verwendung Ihrer Lösung, anstatt vorhandene Lösungen zu verwenden oder das Problem ganz zu umgehen?

Schritt 2: Brainstorming zum Geschäft Modellhypothesen

Ö **Ziel:** Dokumentieren Sie alle Aussagen, die für die Entwicklung, Vermarktung und den Verkauf Ihres Produkts an ein etabliertes Kundensegment erforderlich sind.

Sie müssen die drei wichtigsten Hypothesensätze dokumentieren.

Dein Geschäft. Dokumentieren Sie Ihre Überzeugungen zum Geschäftsmodell, zu Partnern, Beziehungen und Abhängigkeiten, die in Ihrem Ökosystemdiagramm erfasst sind.

Ihr Produkt. Dokumentieren Sie die Produktfunktionsanforderungen, die Ihrer Meinung nach für die Fertigstellung Ihres endgültigen MCP erforderlich sind.

Ihr „Verkaufstrichter". Dokumentieren Sie Ihre Gedanken darüber, wie Sie Kunden gewinnen werden.

Geschäftsgenehmigungen

Kehren Sie zum Diagramm (der KPR-Hypothesen) zurück, das Sie im letzten Kapitel erstellt haben, und spezifizieren Sie alle darin dargestellten Punkte.

Beispiel: Mein Produkt erreicht Kunden über diese Vertriebsmethoden (Online-Verkauf, SaaS , VAR * , Zwischenhändler, interner Vertrieb, Direktvertrieb usw.);

Ich muss Partner der folgenden Unternehmen werden, um eine detaillierte Lösung für die Probleme meiner Kunden anzubieten:

Wir gehen davon aus, dass dieser Prozentsatz der kostenlosen Benutzer jedes Jahr auf Premium-Konten umsteigen wird.

Wir werden kostenlose Benutzer über Werbetreibende, Werbenetzwerke, Deep Data, die Anwerbung von Käufern usw. monetarisieren.

Einige Benutzer zahlen für Premium-Funktionen.

Aussagen zu MCP

Kehren Sie zu Ihrem Wertepfad zurück und notieren Sie Ihren Zweck für das erste MVP, seine „Währung" und Ihre Aussagen zu den erforderlichen Mindestmerkmalen (Funktionen). Wenn Sie keine vorläufigen MCPs haben, sehen Sie sich den endgültigen MCP-Vorschlag an. Das endgültige MSP muss die erforderlichen Mindestmerkmale des Produkts beschreiben, die

VAR (kurz für Value-added Reseller) ist ein Unternehmen, das die Fähigkeiten eines bestehenden Produkts modifiziert/erweitert (d. h. einen Mehrwert schafft) und es dann (normalerweise an Endbenutzer) als neues Produkt weiterverkauft. Hinweisspur

Dies führt zur Beteiligung jedes Spielers an Ihrem vermeintlich einheitlichen Ökosystem.

Diese Funktionen sind erforderlich, damit sich kostenlose Benutzer anmelden und aktive Benutzer sein können.

Was benötigen Benutzer eines Tier-1-Kontos von diesen Funktionen, um sich anzumelden und X $ zu zahlen?

Werbetreibende zahlen X Dollar für Y aktive Benutzer/Minuten.

Unternehmen unterzeichnen eine Vorbestellung für ein Produkt, das auf einer Live-Demo dieser Funktionen basiert.

Strategische Investoren werden die Entwicklung finanzieren und prüfen, ob sie in der Demoversion funktioniert.

Benutzer klicken auf die Schaltfläche „Mehr erfahren", nachdem sie den Inhalt der Zielseite gelesen haben.

Aussagen zum „Sales Funnel"

Der „Verkaufstrichter" stellt jeden Schritt des Plans dar – von der Unwissenheit bis zum zufriedenen Kunden oder von einer Person, die bei Google nach etwas sucht, bis zum zufriedenen Nutzer. Die erste Spalte der Tabelle in Abb. 11 stellt den traditionellen Business-to-Business-Verkaufstrichter dar. Sie können die Namen beliebig ändern, sie müssen jedoch jeden Schritt widerspiegeln, den ein potenzieller Käufer (oder Benutzer oder Partner) von oben bis unten durchläuft, bevor er sich für Ihr Produkt entscheidet.

In der zweiten Spalte beschreiben Sie Ihre Gedanken darüber, wie der Kunde zu einer Kaufentscheidung kommt. Bitte beachten Sie, dass dies keineswegs mit dem Verkaufsprozess identisch ist. Der Verkaufsprozess ist das, was Sie tun müssen, um den Käufer dazu zu bringen, das zu tun, was der Käufer tut, wenn er (oder sie) kauft.

Reis. 11. Phase des „Verkaufstrichters" und Entscheidungsprozess des Käufers

Beschreiben Sie in Spalte 3, was Ihr Unternehmen tun muss, um Ihren Kunden durch den Trichter zu bringen. Die gewünschten Aktionen, die der Benutzer als Reaktion auf Ihre Aktivität ausführen soll (Spalte 4), bestimmen, was Sie messen müssen (was Sie in Spalte 5 verfolgen müssen). In Spalte 6 generieren Sie die Fragen, die zur Vervollständigung der Matrix beantwortet werden müssen.

Beispiel. Startup-Projekt für Marketing Analytics Abb. 13 zeigt die fertige Tabelle.

Lesen Sie die erste Zeile der Tabelle (unter der Kopfzeile) von links nach rechts.

Wie Sie im Fall dieses Softwareunternehmens für Marketinganalysen sehen können, glauben die Gründer, dass sie, um echte Menschen in den Verkaufstrichter zu bringen, Zweifel bei Vermarktern wecken müssen, die aktiv nach besseren Marketinganalysetools suchen. Ihre Geschäftsziele bestehen daher darin, ihre Website für die Suche schnell zugänglich zu machen und Blogger, die Einfluss auf die Benutzer und Marketinganalysten haben, davon zu überzeugen, auf die vom Unternehmen angebotene Lösung zu verweisen. Die gewünschte Reaktion besteht darin, dass der Benutzer auf einen Link klickt, der ihn zu einer Website mit Marketinganalysen führt. Diese Aktionen können anhand von Metriken wie

CTR [*] , Anzahl der einzelnen Besucher, auf der Website verbrachter Zeit usw. gemessen werden. Die letzte Spalte enthält Fragen, die versuchen, die Aussagen in den vorherigen Spalten zu bestätigen und zu optimieren.

CTR – Abkürzung für Click-Through-Rate – Banner-Reaktion; Klickrate (das Verhältnis der Anzahl der Klicks auf einen aktiven Link zur Anzahl der Impressionen des Links; in der Online-Werbung bezeichnet der Begriff das Verhältnis der Anzahl der Klicks auf ein Banner zur Anzahl der Bannerauftritte; üblicherweise ausgedrückt) . in Prozent; ist das wichtigste Merkmal eines Banners, das die Wirksamkeit der Werbung in einem bestimmten Netzwerk oder auf einer bestimmten Website bestimmt: Ein Banner mit einer CTR über 10 % gilt als sehr gut. Hinweisspur

Sobald ein Besucher auf den Link (Spalte 4) klickt, gelangt er zur Ebene „Interesse zeigen". Um mit dem Lesen der Matrix fortzufahren, lesen Sie die zweite Zeile von links nach rechts und so weiter.

Übung. Dokumentieren Sie nachfolgende Hypothesenmodelle.

Nutzen Sie Ihr fertiges Geschäftsmodell-Ökosystemdiagramm, den vorgeschlagenen MSP und die Sales-Funnel-Matrix, um alle Ihre Hypothesen zu generieren!

Zu vermeidende Fallstricke

Schreiben Sie konkrete Aussagen. Wir können zu jeder dieser Aussagen mit Sicherheit sagen, dass sie unbestreitbar und gleichzeitig nicht verifizierbar ist. Es ist besser, falsch zu liegen, als in Unsicherheit zu sein. Wenn Sie sich irren, fangen Sie noch einmal von vorne an, und wenn Sie unentschlossen sind, haben Sie einfach Ihre Zeit verschwendet und sind zu keinem Ergebnis gekommen. Es ist beispielsweise besser, davon auszugehen, dass Ihre Zielgruppe beispielsweise „IT-Manager kleiner bis mittlerer Finanzdienstleistungsunternehmen mit Sitz in Manhattan" sind, als einfach nur „IT-Manager".

Schritt 3: Finden Sie potenzielle Kunden
Kontaktieren Sie uns

TUm Ihre Hypothesen zu testen, müssen Sie potenzielle Kunden finden, mit denen Sie sprechen können. Sie suchen nach Menschen, von denen Sie glauben, dass sie unter den von Ihnen gelösten Problemen leiden und bereit sind, für die Nutzung Ihrer Lösung zu zahlen. Aller Wahrscheinlichkeit nach werden Sie diese potenziellen Kunden nicht sofort finden können – Sie müssen sie jagen. Glücklicherweise können Sie dadurch Erfahrungen sammeln, Ihre Präsentation verbessern und Ihr Selbstvertrauen stärken, wenn Sie sich an die Menschen wenden, die Ihnen wirklich wichtig sind.

Wie in Abb. 14 dargestellt, werden Ihre Interviewziele mit ihnen fokussierter, wenn Sie sich Ihrer tatsächlichen Zielgruppe nähern.

Aufgrund des Geschäftsmodells ist nicht immer sofort klar, mit wem man reden kann. Wenn Ihr Geschäftsmodell beispielsweise erfordert, dass Sie zunächst Benutzer skalieren und sie dann monetarisieren, stellt sich die Frage: Mit wem sollten Sie zuerst sprechen: direkt mit den Benutzern oder mit denen, die bereit sind, für irgendeine Art von Zugang zu Tausenden von Benutzern zu zahlen? Wir empfehlen Ihnen, den Wertpfad, den Sie im vorherigen Kapitel identifiziert haben, noch einmal zu überdenken.

Wie finden und gewinnen Sie Ihre potenziellen Kunden? Es gibt keine richtige Antwort oder Zauberformel.
Reis. 14. Entwicklung der Interviews
Wen suchen Sie nach Umfragezielen?
Umfangreiche Suche, Freunde und Familie, LinkedIn-Netzwerk
Mögliche Benutzer, Branchenveteranen
Zielgruppe: Early Adopters
Es hängt alles von Ihren Ressourcen, der Breite Ihres Netzwerks, Ihrem Geld, Ihrer Zeit und Ihren Vorstellungen darüber ab, wie Sie am besten mit diesen Kunden in Kontakt treten können. Zu diesem Zeitpunkt müssen Sie die Methoden zur Kundenakquise noch nicht testen, können aber schon jetzt etwas über die Effektivität ihrer Anwendung lernen! Hier finden Sie einige Ideen für Ihre ersten Schritte.

Übung. Denke Klein

Unternehmer denken groß. Das ist wunderbar und notwendig, um erfolgreich zu sein. Unter bestimmten Umständen kann diese Denkweise jedoch im Weg stehen. Wenn Sie potenzielle Early Adopters für ein Vorstellungsgespräch suchen, müssen Sie im Detail nachdenken. Anstatt zu sagen: „Verdammt, wie soll ich tausend Leute finden, die ich nicht kenne", denken Sie: „Mit wem kann ich über meine Produktidee sprechen?"
Erstellen Sie eine Liste mit fünf Personen, von denen Sie wissen, dass sie etwas gemeinsam haben (Arbeit, Familie

und Kinder, Hobbys, Selbstständigkeit usw.), die Ihre idealen Early Adopters wären. Melden Sie sich bei Facebook, LinkedIn an, sehen Sie sich Ihre Twitter-Follower usw. an und notieren Sie die Namen von fünf Personen. Schicken Sie ihnen allen eine E-Mail und bitten Sie sie, Ihnen fünf andere Personen vorzustellen, die sie kennen und die die gleichen Eigenschaften wie die oben aufgeführten haben. Dies ist Ihre erste Kontaktliste. Aber selbst wenn Sie niemanden mit den gleichen Eigenschaften kennen, bitten Sie einfach jemanden in Ihrem Umfeld, Ihnen die Namen von fünf Personen zu nennen.

Zu vermeidende Fallstricke

Befragen Sie nicht nur Ihre Freunde und Kollegen. Obwohl diese Leute freundlich sein werden, werden ihre Daten höchstwahrscheinlich verzerrt sein. Beauftragen Sie sie, Menschen zu finden, nicht Antworten. Verlassen Sie sich nicht nur auf eine Methode zur Generierung von Leads, da dies wahrscheinlich die Art der Personen (z. B. Marktsegmente) einschränkt, mit denen Sie sprechen. Experimentieren Sie und vielleicht haben Sie das Glück, ein echtes Juwel zu finden – Ihren idealen Kunden. Denken Sie auch daran, dass es sich hierbei nicht um Anziehungsmethoden handelt, sondern um Methoden, um eine Liste der Personen zu erhalten, die Sie anziehen werden. Verwechseln Sie diese Konzepte nicht!

Schritt 4: Kontaktpotential
Kunden

T
Hier finden Sie mehrere „Denkschulen" zu Taktiken zur Kundenakquise, darunter Telefongespräche, „Informationsinterviews" und „Verkauf vor dem Kauf". Telefongespräche sind notwendig, da es nicht immer möglich ist, jemanden persönlich zu erreichen, aber sie sind alles andere als ideal, da Sie nicht wissen können, wie die ersten körperlichen und emotionalen Reaktionen Ihres potenziellen Kunden auf Ihre Präsentation waren. Sind sie zusammengezuckt, als Sie den Preis erwähnt haben, oder haben sie die Augen geweitet, als sie den Screenshot sahen? Hast du schnell angefangen zu reden und dich zum Bildschirm vorgebeugt? Oder haben Sie Ihren Kollegen in den Besprechungsraum mitgebracht, um mit Ihnen zu sprechen? Je mehr potenzielle Kunden Sie treffen, desto besser, denn Sie werden so wertvolle und gleichzeitig schwer messbare Reaktionen beobachten können.

„Sell before you build" ist eine gute Möglichkeit, sehr schnell herauszufinden, ob ein bestimmter Kundentyp bereit ist, für Ihr geplantes Produkt zu zahlen. Dieser Ansatz wirft jedoch ein doppeltes Problem auf:

Möglicherweise scheitern Sie daran, Ihr Produkt auf dem Markt zu verkaufen, weil Ihre aktuelle Definition des

Problems und seine Lösung nicht erforderlich sind. Dieses „Misserfolg" hält Sie jedoch davon ab, zu wissen, wo Sie einen entscheidenden Wendepunkt setzen sollten.

Der Aufbau einer Käufer-Verkäufer-Beziehung von Anfang an kann Ihre Lernmöglichkeiten einschränken. Im Gegensatz zum „Partner", der normalerweise bereit ist, solche Informationen weiterzugeben, ist es weniger wahrscheinlich, dass der „Käufer" Feedback zu Preispolitik, Informationen über Wettbewerber und interne Entscheidungsprozesse gibt.

Die Formulierung von Steve Blank zielt darauf ab, Partnerschaften zu schaffen. Natürlich hoffen Sie letztendlich, das Produkt an diese Person verkaufen zu können, aber dennoch geht es in den ersten Gesprächen mehr ums Lernen als ums Verkaufen. Steve schreibt: „Bevor Sie zum Telefon greifen und jemanden anrufen, den Sie nicht kennen (vorausgesetzt, Sie haben Angst vor Kaltakquise *) , ist es gut zu wissen, was Sie sagen möchten. Was Sie nicht sagen möchten, ist: „Hallo, hier ist Bob und New Banking Products Inc. und ich möchte mit Ihnen über ein neues Produkt sprechen."

Stattdessen müssen Sie eine „Wir brauchen Ihre Expertenmeinung"-Atmosphäre schaffen, auf die die meisten Menschen positiv reagieren. Am besten wäre es natürlich, wenn Du jemandem weiterempfohlen würdest. Wenn Sie keinem potenziellen Kunden empfohlen wurden, müssen Sie zu Beginn damit rechnen, zehnmal so viele E-Mails zu versenden. Sobald Sie mit Menschen in Kontakt treten, werden Sie sie bitten, Sie zu empfehlen und so das Problem fehlender Empfehlungen beseitigen.

Kaltakquise (Besuch) – ein Anruf (Besuch) eines Verkäufers oder Maklers bei einem potenziellen Kunden ohne vorherige Vereinbarung. Hinweisspur

Sie können versuchen, Ihr Gespräch mit einem Diktiergerät aufzuzeichnen oder mit Freunden oder der Familie zu üben.

E-Mail für das erste Treffen

Betreff: Empfohlen von {Name des Empfehlungsgebers}
Hallo Mary!

{Name des Referrers} hat mich eingeladen, mit Ihnen über eine Idee zu sprechen, an der ich arbeite und die Marketingmanagern hoffentlich dabei helfen wird, die Rendite bestimmter Marketingaktivitäten effektiver zu messen. Ich höre von Marketingexperten, dass bestehende Lösungen zu teuer und zu schwierig zu installieren sind und dazu neigen, unbrauchbare Kennzahlen zu liefern. Wir hoffen, diese Situation zu ändern.

{Name des Schiedsrichters} empfahl Sie als Marketingleiter, der seine Meinung und die Sicht eines Insiders zu diesen Problemen teilen konnte. Ich versichere Ihnen, dass ich nicht versuche, Ihnen etwas zu verkaufen, sondern einfach nur hoffe, mit Ihnen über diesen Markt zu sprechen und die wirklichen Schwachstellen zu erkunden.

Kann ich Sie, wenn möglich, zu einem für Sie passenden Zeitpunkt mit einer Tasse Kaffee verwöhnen? Ich freue mich auf Ihre Antwort und danke Ihnen für Ihre Aufmerksamkeit.

Beste Wünsche,
{Ihr Name}

Anruf

„Guten Tag, das ist Joe von NewGeoSocialNet Incorporated, und wenn Sie sich erinnern, wurden Sie mir empfohlen von (geben Sie hier den Namen des freundlichen Empfehlungsgebers ein). Vielen Dank, dass Sie sich bereit erklärt haben, mit mir zu sprechen. Wir eröffnen ein Unternehmen, das sich auf Umzugstechnologien spezialisiert hat, die es uns ermöglichen, den geografischen Standort einer Person mit relevanten Werbeinhalten auf ihrem Mobiltelefon zu verknüpfen. Wir befinden uns derzeit in der Entwicklungsphase und hoffen, dass Sie Ihre Expertenmeinung zum Markt mit uns teilen können. Ich versichere Ihnen, dass ich Ihnen nichts verkaufen werde. Ich würde gerne wissen, wie Sie den Markt wahrnehmen und wie Sie und Ihr Unternehmen heutzutage Zielgruppen ansprechen und Werbung auf Mobiltelefonen schalten. Im Gegenzug informiere ich Sie gerne über einige der neuesten Entwicklungen in der standortbezogenen Werbetechnologie ...“

Übung. Machen Sie einen Kaltanruf

Du hast uns gehört. Tu es. Tun Sie, was Sie am meisten fürchten: Rufen Sie jemanden an, den Sie nicht kennen, und fragen Sie ihn nach Ihrer Idee.

Was ist das Schlimmste, was passieren kann? Sie werden Ihnen sagen, dass die Idee nicht überzeugend ist, dass sie hoffen, dass Sie Ihren Job nicht gekündigt haben, sie werden laut lachen und den Hörer auflegen.

Tatsächlich springen Sie nicht vom Himalaya aus mit dem Fallschirm. Widerstehen Sie Ihren Ängsten. Machen Sie einen Kaltanruf und Sie werden angenehm überrascht sein, wenn sich herausstellt, dass die Leute gerne darüber sprechen, wofür sie Experten sind und Ihnen helfen möchten.

Zu vermeidende Fallstricke

Erwarten Sie nicht, dass Ihre Freunde und Familie objektiv sind. Nutzen Sie sie als Unterstützung, zum Beispiel, wenn Sie deprimiert sind, wenn Sie erschöpft sind. Die beste Vorgehensweise besteht darin, einfach anzufangen. Und dann wird es einfacher.

Es ist erstaunlich, wie einfach es ist, das „Verlassen des Gebäudes" zu vermeiden. Ausreden werden immer wieder verwendet. Aber hier sind einige Tipps, wie man Trägheit überwinden kann.

Es gibt unzählige Menschen, die Ihnen mit Leidenschaft helfen, solange Sie ihre Zeit respektieren.

Viele Menschen teilen gern ihr Fachwissen.

Viele Menschen lieben kostenlosen Kaffee/Tee usw.

Sobald die Verbindung mit dem Kunden hergestellt ist, ist es besser, eine E-Mail zu verwenden als einen Anruf zu tätigen, da Sie über das Telefon seine Aufgaben priorisieren müssen (was keine gute Sache ist).

Benimm dich wie das Lied Ice, Ice, Baby * : sei kurz, auf den Punkt gebracht und verführerisch.

JFDI (Just Fucking Do It – verdammt, tu es einfach!).

Es sei noch einmal darauf hingewiesen, dass Online-Umfragen, Fokusgruppen und Nutzerstudien kein Ersatz für ordnungsgemäß durchgeführte Interviews sind.

Ice, Ice, Baby ist mit 40 Millionen verkauften Exemplaren der meistverkaufte Song in der Hip-Hop-Geschichte. Hinweisspur

Schritt 5: Potenziale nutzen
Kunden

Problem / Ist-Situation / Lösungsvorstellung

In „The Four Steps" bietet Steve Blank eine spezifische Methode zur Darstellung Ihrer Hypothesen zu einem Problem und seiner Lösung. Auf einem Blatt Papier oder einer Folie erstellen Sie drei Spalten: Die erste enthält das Problem, die zweite enthält die aktuelle Lösung oder Problemumgehungen Ihres Kunden und die dritte enthält Ihre Lösung für das Problem.

Sie präsentieren und diskutieren nacheinander jede Spalte, ohne die darauf folgenden Spalten anzuzeigen. Sie beschreiben beispielsweise das/die Problem(e) und laden dann zur Diskussion darüber ein . Sind die Worte Ihrer Gesprächspartner wahr? Nicken sie? Was denken sie zu diesem Thema? Helfen Sie ihnen, offen zu sprechen und sagen Sie, wie sie die Zukunft des Problems sehen. Wie wichtig ist es ihnen? Was ist der finanzielle Aspekt des Problems? Das Gespräch sollte sich natürlich darauf konzentrieren, ob sie das Produkt eines Mitbewerbers verwenden, versuchen, selbst eine Lösung zu finden, oder ob sie sich beeilen, nach Workarounds zu suchen. Auch hier müssen Sie das Gespräch leiten. Zum Beispiel: „Ich habe von vielen CEOs gehört, dass sie immer noch

Tabellenkalkulationen verwenden, um dieses Problem zu lösen." „Wer codiert jetzt Ihre Fragebögen auf der Website?" Wie stark sind die IT-Mitarbeiter in den Installationsprozess Ihrer aktuellen Lösung eingebunden ? Bestehen bei Ihnen Sicherheitsbedenken aufgrund des internetbasierten Ansatzes?

Wenn alles gut geht, wird sich das Gespräch natürlich auf Ihre Idee zur Lösung des Problems konzentrieren. Dies ist möglicherweise der schwierigste Teil, da es unglaublich schwierig sein wird, den Verkaufsdrang loszulassen. Fangen Sie einfach an. Zu diesem Zeitpunkt sollten Sie Ihren Gesprächspartner bereits mit Ihrem Kurzvortrag interessiert haben. Sie müssen Ihre „große Idee", wie Steve sie definiert, vermitteln, nicht eine Liste von Funktionen (Features). Beschreiben Sie Ihr Hauptunterscheidungsmerkmal und wie Ihr Produkt das Problem lösen wird. Setzen Sie sich und warten Sie auf eine Antwort. Sobald sie die Informationen verdaut haben, werden sie wahrscheinlich anfangen, Fragen zu stellen. Das erste , was Sie verstehen müssen, ist, ob sie Fragen stellen, weil sie etwas nicht verstehen oder weil sie nach einer Lösung suchen? Wenn ersteres der Fall ist, müssen Sie an Ihrer Präsentation arbeiten. Wenn Letzteres der Fall ist, haben Sie das Haupthindernis überwunden.

Darüber hinaus sollten Sie wissen, ob es sich bei Ihrem Produkt um ein „Vitamin" oder ein „Schmerzmittel" handelt. (Das heißt: „Es wäre schön, ein Produkt zu haben" oder „ein Produkt, das man haben muss".) Mit anderen Worten, hier sind Steves „IPO-Fragen":

Was ist Ihr größter Schmerz bei der Arbeit?

Wenn Sie einen Zauberstab schwingen und etwas an dem, was Sie tun, ändern könnten, was wäre das?

Sobald Sie mit dieser Art von Gesprächen vertraut sind, werden Sie von der Menge an Daten überrascht sein, die Ihnen präsentiert wird. Denken Sie geistig über einen zweiten Satz von Hypothesen in allgemeinen Begriffen nach – für den Fall, dass solche Hypothesen auftauchen und sich die Gelegenheit ergibt, sie im Gespräch zu äußern.

Wenn Sie mit Benutzern sprechen, von denen Sie hoffen, dass sie für ein Produkt bezahlen, sollten Sie das Gespräch entsprechend gestalten. Wenn Sie zu 90 Prozent mit dem Gespräch fertig sind und Ihr Interessent plötzlich sagt: „Oh, Sie möchten, dass ich bezahle?", dann haben Sie viel Zeit verschwendet. Die Diskussion einer bestimmten Preispolitik kann je nach Ihrem Geschäftsmodell und Ihren bisherigen Erkenntnissen angemessen sein oder auch nicht.

Wir haben festgestellt, dass offene Fragen wie „Wie viel sind Sie bereit zu zahlen?" nicht möglich sind. sind oft schwer zu stellen und zu beantworten, was zu schlechten Daten führt.

Es ist viel effektiver, einen bestimmten Preis oder eine bestimmte Preisspanne anzubieten. Je nachdem, wie weit Sie in Ihrem Prozess bereits fortgeschritten sind, müssen Sie möglicherweise auch prüfen, welche Art von Testversion den Kundenerwartungen entspricht, zum Beispiel: „Wenn wir eine kostenlose Testversion anbieten, wären Sie daran interessiert, diese zu erhalten?"

Denken Sie daran, wenn Sie ein Gespräch beenden.

Seien Sie immer dankbar für die Zeit, die Ihre Gesprächspartner für Sie aufgewendet haben.

Wenn Sie während des Gesprächs Kommentare oder nützliche Informationen erhalten haben, fragen Sie, ob es möglich wäre, das Gespräch später zu wiederholen.

Bitten Sie darum, Sie anderen Menschen zu empfehlen, die möglicherweise unter dem gleichen Problem leiden oder diesen Markt sehr gut kennen.

Senden Sie Ihrem Gesprächspartner nach dem Treffen eine E-Mail mit den folgenden Inhalten: Dankbarkeit; eine Zusammenfassung Ihres Gesprächs; eine Liste der Maßnahmen, Punkt für Punkt, ob sie durchgeführt wurden und gegebenenfalls ; ein Beispieltext, der als Empfehlung an Freunde verschickt werden kann.

Hier ist ein Musterbrief, den Sie nach dem Gespräch versenden können.

Guten Tag, Dave!

Vielen Dank, dass Sie sich gestern die Zeit genommen haben, mich zu treffen. Ihr Wissen und Ihre Erfahrung sind äußerst nützlich. Wie wir vereinbart haben, sende ich Ihnen einen Link zur Website [Präsentation oder etwas anderes, das ihn (sie) sehen wollte]. Über jedes weitere Feedback würden wir uns sehr freuen. Sie haben auch erwähnt, dass Sie ein paar Leute kennen, die an meiner Idee interessiert sein könnten oder mir ihre Expertenmeinung geben könnten. Im Anhang finden Sie eine kurze Nachricht, die Sie an sie weiterleiten können.

[Werbeinformationen: {Name} entwickelt ein neues Werbenetzwerk für Mobiltelefone, das den geografischen Standort einer Person mit personalisierten Werbeinhalten verknüpft. Er/sie möchte mit Experten der Mobilfunkbranche sprechen, um den Markt und seine Chancen zu besprechen. Da Sie über umfassende Erfahrung auf diesem Gebiet verfügen, empfehle ich ihr (ihm), mit Ihnen zu sprechen. Er versicherte mir, dass er nicht versuche, etwas zu verkaufen, sondern lediglich eine Expertenmeinung über den Markt und die Kunden einholen möchte. Hier sind ihre/seine Kontaktinformationen.]

Und schließlich finden Sie hier die Kontaktinformationen des Vermarkters, über den wir gesprochen haben. Wenn ich Ihnen behilflich sein kann, zögern Sie bitte nicht, mich zu kontaktieren.

Beste Grüße, [Ihr Name]

Übung. Üben Sie Ihre Präsentation

Suchen Sie sich einen Verbündeten und präsentieren Sie ihm Ihre Hypothesen zum Problem und seiner Lösung. Was Sie aber brauchen, ist Feedback nicht zu diesen Hypothesen, sondern zu Ihrer Präsentationsmethode. Wenn es roh aussieht, üben Sie es. Wenn es immer noch roh aussieht, ändern Sie die Wörter darin, bis es anständig aussieht. Verwenden Sie die hier aufgeführten Beispiele, aber formulieren Sie sie in Ihren eigenen Worten und Ihrem eigenen Stil. Dadurch fühlen Sie sich im Gespräch mit Fremden natürlich. Sie möchten, dass Ihre Präsentation reibungslos verläuft, damit das Gespräch reibungslos verläuft. Manchmal muss man lernen, sich nicht selbst in die Quere zu kommen! Halten Sie zunächst eine Präsentation vor Leuten, die Sie gut kennen, und fahren Sie dann mit der Präsentation vor Leuten fort, die Sie nicht so gut kennen, die Sie aber respektieren. Sagen Sie ihnen, dass Sie Feedback dazu wünschen, wie Sie die Präsentation präsentieren, dass sie aber auch Kommentare und Feedback zu den Hypothesen selbst geben können.

Wir riskieren, uns zu wiederholen. Ihr Ziel ist es nicht, so weit zu üben, dass die Präsentation übermäßig einstudiert wird, sondern dass Sie in der Lage sind, das Gelernte auf natürliche Weise in das tatsächliche Gespräch zu integrieren. Sie möchten nicht, dass Ihr Gespräch wie ein Drehbuch aussieht. Mit etwas Übung werden Sie in der Lage sein, Schlüsselsätze zu finden, die dabei helfen, die Diskussion richtig zu gestalten und als guter Einstieg in ein Gespräch zu einem bestimmten Thema dienen.

Der Schlüssel besteht darin, sich auf drei oder vier Punkte festzulegen, die man unbedingt lernen muss, sie im Hinterkopf zu behalten und das Gespräch um diese Punkte herum zu lenken.

Zu vermeidende Fallstricke

Werden Sie nicht zum spontanen Gegner der Kundenentwicklung!

Das Erhalten eines negativen Feedbacks kann den natürlichen Wunsch auslösen, die Entwicklung des Kunden zu verweigern. „Sie verstehen es einfach nicht" ist eine recht häufige Reaktion, wenn potenzielle Kunden Ihre Idee ablehnen. Sie sind besonders gefährdet, wenn Sie nicht für die Besprechung verantwortlich sind. Das Gespräch könnte sich beispielsweise vom Kernwertversprechen zu Produkteigenschaften und dann vielleicht zu makroökonomischen Theorien bewegen. Eine negative Reaktion auf einen Ihrer Grundsätze kann dazu führen, dass Sie defensiv werden, was zu Verkäufen statt zum Lernen führt. Trotz guter Absichten suchen viele Unternehmer nach einer Bestätigung ihrer Hypothesen, anstatt sie zu testen. Dies wird als Bestätigungseinstellung bezeichnet und hat zweifelhafte Vorteile.

Seien Sie sich der Überzeugungen anderer bewusst

Wenn Sie „das Gebäude verlassen", ist eines sicher: Die Leute werden versuchen, Ihnen viele eigene Aussagen aufzuzwingen. Dabei handelt es sich natürlich nicht um Aussagen, sondern beispielsweise um „Expertenmeinung" zu Ihrem Geschäftsmodell, Ihrer Markteintrittsstrategie, Ihrem Firmennamen, Ihrer Logofarbe – was auch immer. Aber das sind immer noch Aussagen.

Seien Sie verständnisvoll und betrachten Sie sie als das, was sie wert sind: Es sind nur Vermutungen von jemandem. Nicken Sie höflich, wenn Sie jemand fragt:

„Haben Sie über Franchising nachgedacht?" oder „Haben Sie darüber nachgedacht, Ihre Lizenz an Google abzugeben?" Es liegt an Ihnen, das Gespräch höflich wieder auf die Aussagen zu lenken, die Sie überprüfen möchten.

Schritt 6: Kontrollpunkt.

Phase 1

Informationsbeschaffung / Messung / Test

Das Ziel der ersten Interviewrunde besteht darin, Ihr zentrales Wertversprechen zu testen und zu validieren, indem Sie Ihre Produktidee mit dem Marktsegment in Einklang bringen, das unter dem von Ihnen gelösten Problem leidet. Idealerweise sollte diese Arbeit durchgeführt werden, bevor mit der Entwicklung des eigentlichen Produkts begonnen wird. Sie beginnen mit der ernsthaften Entwicklung eines Produkts erst, nachdem Sie die Bestätigung Ihrer Postulate zu K-P-R erhalten haben.

Der Zweck der zweiten Interviewrunde besteht darin, sich auf das Kernproduktmerkmal zu konzentrieren, das Sie **Ihren Kunden bieten sollen ,** und gleichzeitig Ihre Geschäftsmodellaussagen zu testen und die Merkmale Ihres Marktsegments zu erkunden, die es Ihnen ermöglichen, die Aufmerksamkeit der Kunden zu gewinnen. Die Anzahl der Interviews, die Sie durchführen, hängt von Ihrem Markt und der Art der Antworten ab. Im Allgemeinen sollte die von Ihnen angebotene Stichprobe proportional zur Größe Ihres Marktes sein. Vielleicht könnte jemand die richtige Stichprobengröße statistisch ermitteln, aber das ist zum jetzigen Zeitpunkt unnötig.

Wenn die Antworten aus einem eng definierten Segment eindeutig in die eine oder andere Richtung tendieren, haben Sie in dieser Runde wahrscheinlich mit genügend Interessenten gesprochen. Wie Steve sagt, hören Sie auf, „wenn alle Daten gleich aussehen."

Basierend auf den Ergebnissen des Interviews sind Sie entweder bereit, weiterzumachen, eine entscheidende Wendung vorzunehmen, oder die Situation bleibt unklar. Antworten, die ein breites Meinungsspektrum widerspiegeln, erfordern wahrscheinlich eine Art Schlüsseldrehung. Beispielsweise müssen Sie Ihre Hypothesen ändern oder umformulieren oder vielleicht einfach mit zwei weiteren Interessenten sprechen. Wenn alle Daten gleich aussehen, dann:

oder Sie haben den richtigen Kunden identifiziert, also jemanden, der unter dem konkreten Problem, das Sie lösen, leidet und an einer konkreten Lösung des Problems interessiert ist. Sobald Sie Ihr richtiges Marktsegment gefunden haben, können Sie mit der Messung der Eignung Ihres Produkts beginnen und mit der Analyse der nächsten Aussagen beginnen (Schritt 7);

oder eines oder mehrere der drei grundlegenden KPR-Postulate sind falsch und Sie müssen zu Schritt 1 zurückkehren. Die Überarbeitung Ihrer Überzeugungen kann die folgenden Maßnahmen nach sich ziehen: geringfügige Änderungen an Ihrer Produktidee; klären, wer Ihr Käufer sein könnte; Überdenken Sie das Marktsegment, das Sie analysieren. das genaue Problem finden, das Sie lösen; Definieren Sie Ihren Lösungsvorschlag.

Zu vermeidende Fallstricke

Kundenbewertungen
Einer der schwierigsten Aspekte der Kommunikation mit Kunden besteht darin, zu wissen , was man ignorieren und was man als Leitfaden zum Handeln nehmen sollte. Auch hier gibt es keinen heiligen Gral, der dieses Problem für Sie lösen kann. Intuition ist eine wichtige Komponente
118 Startup rund um den Kunden

im Leben eines Unternehmers. Der Startup-Inhaber hat eine Vision, aber der Kunde hat ein Problem. Sie müssen die Wünsche des Kunden und Ihre Vision sorgfältig vergleichen. Im Idealfall finden Sie deshalb 2 Early Adopters. Sie erkennen Early Adopters daran, dass sie sich des Problems bewusst sind, das Sie lösen möchten, und es normalerweise besser verstehen als Sie. Vielleicht denken diese Menschen bereits über das Problem nach, suchen oder entwickeln sogar Lösungen dafür und vielleicht haben sie herausgefunden, wie sie es umgehen können. Wenn Ihre Präsentation Ihrer Grundüberzeugungen fertig ist, werden die Early Adopters bereit sein, Ihnen einen Scheck auszustellen!

Wie lange muss ich das machen?

Acht Schritte in ein 74-seitiges Dokument zu packen, kann den Eindruck erwecken, dass der Kundenentwicklungsprozess mehrere Tage dauern wird. Aber eigentlich ist es das nicht. Die Client-Entwicklung selbst dauert viele Monate. Wenn sich die Produktentwicklungszeiten dank agiler Konzepte, minimal umsetzbarer Produktkonzepte usw. leicht verkürzen lassen, erfolgt die Kundenentwicklung parallel zur Produktentwicklung und wird so lange fortgesetzt, wie Produktentwicklung, Marketing und Vertrieb andauern und das Geschäft generiert anhaltendes Interesse.

Schritt 7: Finden Sie das relevante Problem und die entsprechende Lösung/ICP

A Zu diesem Zeitpunkt haben Sie bereits mit vielen potenziellen Kunden erfolgreich kommuniziert. Sie haben auch (höchstwahrscheinlich viele Male) Ihre grundlegenden CPR-Hypothesen überarbeitet und haben Grund zu der Annahme, dass Sie festgestellt haben, dass es einen tragfähigen Markt für Ihr Produkt gibt.

Wie Ash Maura sagt, haben Sie „angemessenes Produktmarketing" definiert und verfügen über starke, erprobte Hypothesen für das richtige Marktsegment.

Nach vielen Gesprächen haben Sie mehrere Personen identifiziert, die bereit sind, mit Ihnen zusammenzuarbeiten, um die genauen Merkmale eines Produkts, das ihren Anforderungen entspricht, weiter zu definieren. Sie haben auch andere Personen identifiziert, die bereit sind, die Entwicklung des Produkts zu verfolgen, seine Funktionen zu testen und im Allgemeinen recht optimistisch sind, was die Eignung des Produkts für ihre Bedürfnisse angeht. Diese beiden Personengruppen repräsentieren die frühen Adepten.

Schritt 7 ist eine neue Iterationsrunde, die wahrscheinlich länger dauern wird als die erste. In diesem Zyklus entwickeln Sie ein funktionierendes Produkt und stellen es Ihren Early Adopters schnellstmöglich zur Verfügung. Obwohl Ihr Produkt noch nicht perfekt ist, müssen Benutzer es testen, um die Konformität sicherzustellen.

Ihr Problem. Dies ist kein klassisches Beta-Programm (obwohl Sie auch eines davon ausführen können). Hierbei handelt es sich nicht um einen Test auf Störungen oder Benutzerfreundlichkeit, sondern um einen Test auf Benutzerfreundlichkeit: Lösen Sie Benutzerprobleme?

Kommunizieren Sie regelmäßig mit Ihren Early Adopters, auch persönlich. Zeigen Sie ihnen oder besprechen Sie mit ihnen die Entwicklung Ihres Produkts und analysieren Sie weiterhin die Probleme, mit denen sie konfrontiert sind. Haben sich ihre Probleme verändert? Sind sie belastender oder umgekehrt weniger belastend geworden? Gibt es etwas, das sie mehr beunruhigt?

Wenn Sie es noch nicht erwähnt haben, sprechen Sie mit Ihren Kunden über die Preisgestaltung. Bevor Sie fragen, wie viel sie bereit sind zu zahlen, sollten Sie den Wert Ihrer Lösung ermitteln. Es ist wichtig, sich daran zu erinnern, dass Wert nicht dasselbe ist wie Preis. Spart Ihr Produkt Zeit? Geld? Marktanteil steigern? Steigert die Kundenzufriedenheit? Liegt der Preis, den Ihr Kunde zu zahlen bereit ist, zwischen dem, was er Ihnen sagt, und dem, was er für den tatsächlichen Preis hält?

Darüber hinaus sollten Sie noch einmal zu Ihrem Interessentenkreis gehen, um mehr über ihn als potenzielle Käufer zu erfahren. Mit anderen Worten: Sie müssen die in Schritt 2 dokumentierten Annahmen validieren. Basierend auf diesen Antworten entwickeln Sie letztendlich ein Spielbuch, um Ihre potenziellen Kunden zu gewinnen und in echte Kunden umzuwandeln.

Übung. Schreiben Sie dies auf Ihre Stirn

Stelle ich ein Produkt her, das jemand braucht?

Im Ernst, das sollten Sie sich jeden Tag fragen – nicht um Angst, Unsicherheit und Zweifel zu schüren, sondern um sich und Ihr Team zu motivieren. Dabei geht es nicht um Marketing-, Vertriebs- oder Produktmängel. Der Sinn dieser zweiten Iteration durch die Kundenentwicklung besteht darin, sicherzustellen, dass Sie etwas bauen, das die Leute wollen.

Zu vermeidende Fallstricke

Erweiterung der Funktionen

Seien Sie vorsichtig, denn Sie befinden sich jetzt in der Gefahrenzone einer Funktionserweiterung. Die Personen, mit denen Sie sprechen, fragen nach unterschiedlichen Funktionen. Einige werden Sie mit echtem Geld verführen. Es fällt Ihnen schwer, Nein zu sagen: Sie haben echte Konten. Professional Services Dollars rufen auch Ihren Namen. Wenn Sie tiefer graben, werden Sie feststellen, dass Sie mit Ihrem Produkt viele Marktsegmente bedienen. Was machst du?

Auch hier gibt es keine richtige Antwort. Hier sind einige Gedanken, die Sie berücksichtigen sollten.

Sie müssen alles Notwendige tun, um Ihr Geschäft aufrechtzuerhalten (ggf. Beratung oder maßgeschneiderte Produkte/Dienstleistungen in Anspruch nehmen).

Seien Sie Ihrer Vision verpflichtet (lassen Sie nicht zu, dass die Versuchung, zwei Serviceeinnahmen zu erzielen, Ihren Produkttraum zunichte macht).

Wählen Sie das Segment aus, auf das Sie sich konzentrieren möchten (70 % Ressourcen in Segment A, 20 % in Segment B, 10 % zufällig).

Wenn Segment A aufgrund mangelnden Volumens, Geldmangels oder mangelnden Interesses scheitert, machen Sie einen wichtigen Dreh- und Angelpunkt!

Schritt 8: Kontrollpunkt.

Phase 2 /

Informationsbeschaffung / Messung / Test

C **Der Abschluss von** Schritt 8 stellt das Ende der Kundenfindungsphase der Kundenentwicklung dar. Sie sind bereit, diese Phase abzuschließen, wenn Sie auf der Grundlage der erhaltenen Informationen fundierte Hypothesen über eine angemessene Vermarktung des Produkts haben und über ein Muster des minimal realisierbaren Produkts verfügen. Abhängig von Ihrem Produkt und Ihrem Geschäftsmodell sollte die Rentabilität anhand eines bestimmten Umsatzniveaus gemessen werden. Ihr MSP sollte über Funktionen verfügen, die die Probleme Ihrer Kunden so lösen, dass sie bereit sind, dafür zu zahlen. (Das bedeutet nicht unbedingt, dass sie bezahlt haben, aber sie nutzen Ihr Produkt mit der Annahme, dass es sich um ein kostenpflichtiges Produkt handelt.)

Die nächste Stufe der Kundenentwicklung ist die Kundenverifizierung. In dieser Phase beginnen Sie mit der Validierung Ihrer Kundengewinnungsmethoden (ohne „Einführung"), erfahren mehr über die von Ihnen bedienten Segmente, bestimmen geeignetes

Produktmarketing und gewinnen ein klares Verständnis Ihres Geschäftsmodells.
Zu vermeidende Fallstricke

Suchen Sie nicht nach einfachen Wegen

Alle Ihre bisherigen Bemühungen werden zunichte gemacht, wenn Sie es sich nicht zum Ziel gesetzt haben, entscheidende Änderungen vorzunehmen, wenn der Markt dies anzeigt. Wenn Sie ernsthafte Zweifel an irgendetwas haben, was Sie bei der Suche nach einem Kunden gelernt haben, dann sind Sie es sich selbst (und jedem anderen Miteigentümer) schuldig, tiefer zu graben und nach Antworten auf diese schmerzhaften Fragen zu suchen. Es ist Zeit, es zu tun!

Fall
Überprüfung des Geschäftsmodells auf Skalierbarkeit

YouSendit bietet Lösungen zum Senden, Empfangen und Verfolgen digitaler Inhalte. Ramjet Kumara, Gründer und CTO von YouSendit.com, betrachtete seine frühen Produktversionen nie als „Zwischen-MDPs", aber sie verfügten über alle inhärenten Elemente eines MDPs: die minimale Funktionalität, die zum Testen eines bestimmten Ziels basierend auf dem Verhalten eines bestimmten Benutzers erforderlich ist . Wir haben mit Ramjet darüber gesprochen, wie er das Unternehmen durch seine Suche nach dem richtigen Geschäftsmodell mithilfe einer Reihe von MSPs wachsen ließ.

Durch seine eigenen schmerzhaften Erfahrungen in verschiedenen beruflichen Rollen in High-Tech-Startups entdeckte Ramjet die Probleme, die mit dem Teilen großer Dateien verbunden sind. Als ehemaliger Ingenieur, Vertriebsleiter und Marketingleiter hat Ramjet die Probleme miterlebt, die mit erfolglosen Versuchen, große Dateien per E-Mail zu versenden, einhergehen. Seine persönliche Erfahrung wurde zu seiner ersten Inspiration: „Wenn Sie nicht jeden Tag aufstehen und Ihr eigenes Produkt verwenden können oder nicht jeden Tag aufstehen und feststellen können, dass Ihr Produkt benötigt wird, ist es viel schwieriger, die Dinge in Gang zu bringen."

In alltäglichen Gesprächen (vorläufig) mit IT-Mitarbeitern verschiedener Organisationen fand er die Bestätigung, dass andere die gleichen Bedürfnisse hatten. Dies waren Menschen, die im Rahmen ihrer Arbeit verzweifelten Benutzern dabei halfen, große Dateien oder

wichtige Dokumente mit weit entfernten Kollegen, Partnern und Kunden zu teilen.
Mittelstufe MCP 1

Ramjet und sein Team machten sich auf den Weg und ihr erstes Ziel bestand darin, die Machbarkeit des Produkts zu beweisen. Deshalb haben sie das MSP ins Leben gerufen, um zu sehen, ob jemand Interesse an dem Produkt zeigen würde und ob sie mit ihrer Annahme, dass das Interesse recht groß sein würde, Recht hatten.

„Unsere frühen Tests umfassten zwei Server und eine Site mit nur vier Seiten: „Home", „Laden mit Fortschrittsbalken", „Download abgeschlossen" und „Seite laden". Unser Ziel war es, dass Benutzer innerhalb von 15 Sekunden eine Datei herunterladen und per E-Mail an mehrere Empfänger senden können."

Ihr Hauptziel, sagte Ranjith , sei die Schaffung einer Hotwire-ähnlichen Schnittstelle: „Wir sagten: Machen wir das Versenden großer Dateien so einfach wie das Buchen eines Hotelzimmers oder das Nachschlagen von Fluginformationen."

Sie suchten ihre erste Zielgruppe in Gemeinschaften von Menschen, die höchstwahrscheinlich häufig große Dateien versenden mussten. „Wir wollten mit einem einfachen Wertversprechen beginnen", erklärt Ranjit . „Unser erster Schlüsselsatz war: „Ist die Datei zu groß für E-Mail?"

Das YouSendit- Team besuchte häufig Foren auf der Suche nach kreativen Fachleuten: Fotografen, Videofilmern und allen, die digitale Inhalte erstellen, und gewährte ihnen freien Zugang zu ihrer Website.

Das Ergebnis der Arbeit war ein voller Erfolg. Ein Jahr später wurde YouSendit bereits von mehr als einer Million einzelnen Besuchern pro Monat besucht! Der „virale" Charakter des Produkts verschaffte ihm neue Nutzer, da die Dienste der Website nun nicht nur von Vertretern kreativer Berufe, sondern auch von Empfängern ihrer Dateien genutzt wurden, die nicht zum ursprünglich ausgewählten Marktsegment gehörten. Die Erfolgsaussichten von YouSendit reichten aus, um eine kleine Anfangsinvestition zur Energieeinsparung aufzubringen. Nach einem weiteren Jahr Arbeit verzeichneten die Macher der Website sechs Millionen einzelne Besuche pro Monat und schlossen auf dieser Grundlage die erste Finanzierungsrunde erfolgreich ab.

Startup rund um den Kunden

126

Mittelstufe MCP 2

Unglaublich, bis zu diesem Zeitpunkt hatte You Send it keine registrierten Benutzer! Doch mit dem Geld der Profis an Bord änderte sich diese Situation schnell. You Send it definierte das angemessene Marketing für das Produkt – es handelte sich um ein kostenloses Produkt, das durch Werbegelder unterstützt wurde. Das Geschäftsmodell basierte auf einem Abonnement, doch das Ganze geschah noch immer nur auf dem Papier. Und dann stand YouSendit vor dem Problem, wie man seine Nutzer am besten monetarisiert. Und es wurde beschlossen, mehrere Optionen zu testen.

YouSendit veranstaltete einen „Wettbewerb um die besten Backwaren": Sie verglichen, was profitabler ist – Einnahmen aus Werbung zu erzielen, kostenlose Nutzer zu belassen oder die Leute zur Zahlung zu zwingen.

„Das Abonnementmodell hat einfach alles zerstört, was wir mit dem Werbemodell machen konnten. Der Sinn des kostenpflichtigen Produkts bestand darin, Kunden dazu zu bringen, ihre Kreditkarte herauszunehmen. Innerhalb von vier Minuten nach Einführung der kostenpflichtigen Funktionen hatten wir zahlende Kunden; es war der Höhepunkt."

Von diesem Zeitpunkt an begann YouSendit , die Sensibilität der Preispolitik zu überwachen, die Positionierung zu überprüfen, Vertriebskanäle zu optimieren und Geschäftssegmente mithilfe „sicherer, zuverlässiger" Nachrichten zu erweitern, wodurch die Konversionsrate verdoppelt wurde. Der entscheidende Wechsel von Free zu Freemium verlief jedoch nicht reibungslos. Da sich YouSendit darauf konzentrierte, Mehrwert für seine zahlenden Hauptkunden zu schaffen, verlor das Unternehmen etwa ein Drittel seines Datenverkehrs, d.

„Heute ist das Endergebnis fokussierter", sagt Ramjet. „Dadurch haben wir 7,5 Millionen einzelne Besucher pro Monat und mehr als 12 Millionen registrierte Benutzer."

Abschluss

I N **In diesem Buch** haben wir versucht, drei Ebenen des Denkens über die Kundenentwicklung zu artikulieren.

An erster Stelle steht die Philosophie „Sei skeptisch gegenüber deinen Überzeugungen". In „The Black Swan" schreibt Nassim Nicholas Taleb eindringlich über die Gefahren, die entstehen, wenn Menschen dazu neigen, an ihre eigenen Überzeugungen zu glauben. über das Vertrauen in „Expertenmeinungen"; über die berührende, wenn auch trügerische Praxis, Geschichten über die Vergangenheit zu erfinden, um die Zukunft vorherzusagen.

Tale schreibt: „Der erklärende Irrtum macht auf unsere begrenzte Fähigkeit aufmerksam, eine Abfolge von Fakten zu betrachten, ohne ihnen eine Erklärung beizufügen oder ihnen andererseits eine logische Verbindung aufzuzwingen – einen Pfeil von Beziehungen."

Erklärungen beziehen Sachverhalte miteinander in Beziehung. Sie machen sie noch unvergesslicher; Sie helfen *ihnen, mehr Sinn zu ergeben* ."

Viele Wirtschaftsbücher tappen in die gleiche Falle: Sie werden von Experten geschrieben, die Erfolgsmodelle basierend auf fiktiven Geschichten über vergangene Erfolge erstellen und den „Friedhof" von Unternehmen, die denselben Geschichten folgten und scheiterten, völlig ignorieren.

Startup rund um den Kunden

Sie sind bereits skeptisch gegenüber Kundenentwicklung, Lean-Startups und vielen der aufkommenden Schlagworte, flexiblen, aber im Wesentlichen bedeutungslosen Begriffen. Das ist großartig, denn es gibt Ihnen mehr als 2 Kräfte; Wir begrüßen Ihre Skepsis. Aber bleiben Sie philosophisch konsequent: Nehmen Sie sich regelmäßig die Zeit, die Kompetenzen zu studieren – Ihre eigenen, die Ihrer Freunde, Partner und Investoren. Bemühen Sie sich, Ihre Überzeugungen zu testen.

Zweitens bezieht es sich auf die Prinzipien der Kundenentwicklung im Kontext Ihres Unternehmens. Für diejenigen, die etwas tiefer als auf die philosophische Ebene eintauchen möchten, haben wir Prinzipien und Konzepte dargelegt und eine Möglichkeit (es gibt sicherlich auch andere) besprochen, wie Sie Ihr Geschäftsmodell durchdenken können, um die Kundenentwicklung auf Ihr Unternehmen anzuwenden. Die Philosophie, Ihre Überzeugungen zu erforschen, führt dazu, dass Sie mit Ihren Kunden zusammenarbeiten, um diese Überzeugungen zu testen.

Sie „verlassen das Gebäude" und testen Ihre Grundüberzeugungen über den Kunden – das Problem – die Lösung. Sie formulieren und bauen ein MSP auf, das technologische oder Marktrisiken testet – die Zahlungsbereitschaft der Kunden für einen bestimmten Funktionsumfang. Sie dokumentieren und testen Ihre Überzeugungen über die Mechanismen Ihres Geschäftsökosystems, einschließlich der Beteiligung

Dritter und der Mechanismen Ihres Kundentransformationstrichters. Sie schaffen eine Wertschöpfungskette, die versucht, den Weg für die Minderung hoher Risiken zu ebnen, vor allem in der Hoffnung, entscheidende Wendepunkte so früh wie möglich zu erzielen.

Die dritte Ebene ist eine Schritt-für-Schritt-Anleitung zur Kundensuche. Für alle, die taktische Anleitungen suchen, stellen wir ausführliche Informationen zur Verfügung

Abschließend wurde gezeigt, wie Sie sich durch die Prozesse der Kundengewinnung, des geeigneten Produktmarketings und anderer Kundenentwicklungsschritte arbeiten. Anstatt eine lange Liste von Aufgaben oder erforderliche Antworten auf Hunderte von Fragen zu erstellen, haben wir versucht, Ihnen „das Angeln beizubringen": Denken Sie über Ihr Unternehmen nach, schreiben Sie Ihre spezifischen Überzeugungen auf, finden und interviewen Sie die richtigen Leute, engagieren Sie sie in die richtige Richtung, erkennen Sie, wann es Zeit ist, vorwärts zu gehen oder den Schlüssel zu drehen.

Wie Steve Blank sagt, besteht der erste Schritt zu einem grundlegenden Wandel beim Startup-Aufbau darin, „zu erkennen, dass das Geschäftsumfeld chaotisch ist. Kundenentwicklung ist eine Struktur für das Arbeiten im Chaos. Ziel ist es herauszufinden, wie schnell man Vermutungen in Fakten umsetzen kann."

Wir hoffen, dass wir Ihnen Anweisungen gegeben haben, die Ihnen dabei helfen, genau das Gleiche zu tun.

Feedback/Vorschläge/Kommentare/Fragen sind willkommen.

Sie können die Entwicklung des Kunden akzeptieren oder nicht. Aber wenn Sie am Ende des Tages (und dieses Buches) nur eines aus diesem Buch mitnehmen, dann sei es : „Überprüfen Sie Ihre Überzeugungen!"

Literatur

ES **Man kann mit Sicherheit sagen, dass dieses Buch** ohne Steve Blank und seine „Four Steps to Insight" nicht zustande gekommen wäre. Zahlreiche Unternehmensleiter, Investoren und Unternehmer wurden durch Steves Wissen über Kundenentwicklung, -praxis und -methode motiviert, neue Geschäftsvorhaben eingehend zu prüfen. Wir möchten Steve für seine Großzügigkeit danken, mit der er seine Gedanken und Ideen in seinem Buch, auf seinem Blog und während seiner Vorlesungen vor den Studenten geteilt hat, sowie für seine Unterstützung und Ermutigung, während wir an der Fertigstellung dieses Buches gearbeitet haben.

Unser besonderer Dank gilt Andrew Chen, Sean Ellis, Dave McClure und Eric Rise für ihre Beiträge zur Theorie und Praxis der Kundenentwicklung. Wir möchten auch den Geschäftsleuten und Experten danken, die diese Konzepte immer wieder aufgreifen und diskutieren, beispielsweise im Rich Collins Google Lean Startup Circle und anderen Foren. Die Tatsache, dass diese Personen – Ash Maura, Babar Navy, Cindy Alvarez, Dan Martell, David Binate, Gaff Constable, Kent Beck, Kevin Divot, Rich Collins und Sean Murphy – ihre Ideen in die Tat umsetzen und kommunizieren, ist das Wichtigste .

DAS ENDE